...OLOGIA
...SINO DE

Matemática e Física

Os livros que compõem esta coleção trazem uma abordagem do ensino de Matemática e Física que objetivam a atualização de estudantes e professores, tendo em vista a realização de uma prática pedagógica de qualidade. Apoiando-se nos estudos mais recentes nessas áreas, a intenção é promover reflexões fundamentais para a formação do profissional da educação, em que a pesquisa tem papel essencial. Além de consistência teórica, as obras têm como princípio norteador a necessidade de a escola trabalhar com a aproximação entre os conceitos científicos ensinados e a realidade do aluno.

Volume 1
Didática e Avaliação: Algumas Perspectivas da Educação Matemática

Volume 2
Didática e Avaliação em Física

Volume 3
Professor-Pesquisador em Educação Matemática

Volume 4
Professor-Pesquisador no Ensino de Física

Volume 5
Tópicos de História da Física e da Matemática

Volume 6
Jogos e Modelagem na Educação Matemática

Volume 7
Tópicos Especiais no Ensino de Matemática: Tecnologias e Tratamento da Informação

Volume 8
Física Moderna: Teorias e Fenômenos

EDITORA
intersaberes

Professor-Pesquisador em Educação Matemática

Everaldo Silveira
Rudinei José Miola

EDITORA intersaberes

Rua Clara Vendramin, 58
Mossunguê . CEP 81200-170
Curitiba . Paraná . Brasil
Fone: (41) 2106-4170
www.intersaberes.com
editora@editoraintersaberes.com.br

Conselho editorial
Dr. Ivo José Both (presidente)
Drª. Elena Godoy
Dr. Nelson Luís Dias
Dr. Ulf Gregor Baranow

Editor-chefe
Lindsay Azambuja

Editor-assistente
Ariadne Nunes Wenger

Análise de informação
Anderson Adami

Revisão de texto
Alexandre Artigas

Capa
Denis Kaio Tanaami

Projeto gráfico
Bruno Palma e Silva

Diagramação
Mauro Bruno Pinto

Iconografia
Danielle Scholtz

Dados Internacionais de Catalogação na Publicação (CIP)
(Câmara Brasileira do Livro, SP, Brasil)

Silveira, Everaldo
  Professor-pesquisador em educação matemática /
Everaldo Silveira, Rudinei José Miola. – Curitiba:
InterSaberes, 2013. – (Coleção Metodologia do Ensino de
Matemática e Física; v. 3).

  Bibliografia.
  ISBN 978-85-8212-599-1

  1. Matemática -- Estudo e ensino 2. Pesquisa educacional
3. Prática de ensino 4. Professores – Formação profissional
I. Miola, Rudinei José II. Título III. Série.

12-10017   CDD-370.72

Índice para catálogo sistemático:
1. Ensino e pesquisa: Educação matemática   370.72

1ª edição, 2013.

Foi feito o depósito legal.

Informamos que é de inteira responsabilidade
dos autores a emissão de conceitos.

Nenhuma parte desta publicação poderá ser
reproduzida por qualquer meio ou forma sem a
prévia autorização da Editora InterSaberes.

A violação dos direitos autorais é crime
estabelecido na Lei nº 9.610/1998 e punido
pelo art. 184 do Código Penal.

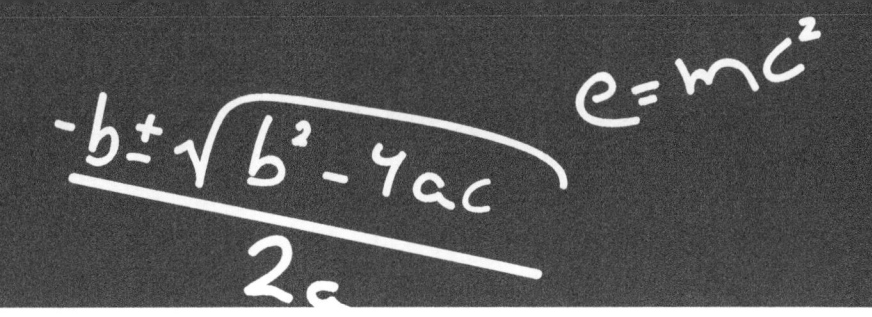

Sumário

Prefácio, 9
Apresentação, 13
Introdução, 17

Tópicos históricos sobre o desenvolvimento da matemática e da Educação Matemática, 19
    1.1   Transformações primeiras, 24
    1.2   Constituição de um *corpus*, 27
    1.3   Rumo à modernização, 29

1.4 Movimento da Matemática Moderna, 33

1.5 Novos rumos do ensino de Matemática, 36

Síntese, 39

Atividades de Autoavaliação, 40

Atividades de Aprendizagem, 44

Tendências metodológicas em Educação Matemática, 45

2.1 Resolução de problemas, 50

2.2 Modelagem Matemática, 56

2.3 Etnomatemática, 61

2.4 História da matemática, 66

2.5 Utilização de tecnologias da informação e comunicação, 68

2.6 Utilização de jogos na Educação Matemática, 70

2.7 Investigações matemáticas em sala de aula, 73

Síntese, 75

Indicações culturais, 75

Atividades de Autoavaliação, 76

Atividades de Aprendizagem, 80

O professor-pesquisador, 83

3.1 Pesquisa: o que é pesquisar?, 87

3.2 O processo de pesquisa, 89

3.3 Pesquisa quantitativa ou pesquisa qualitativa?, 92

3.4 Por que pesquisar em Educação Matemática?, 99

3.5 A pesquisa sob outro prisma, 100

Síntese, 102

Atividades de Autoavaliação, 103

Atividades de Aprendizagem, 106

O professor pesquisando a sua própria prática, 107

4.1 Por que investigar a própria prática?, 109

4.2 Como investigar a própria prática?, 117

4.3 A prática como fonte de conhecimento, 118

4.4 Exemplo de aplicação, 119
Síntese, 128
Indicações culturais, 129
Atividades de Autoavaliação, 129
Atividades de Aprendizagem, 134

Considerações finais, 137
Referências, 141
Bibliografia Comentada, 147
Gabarito, 149
Nota sobre os autores, 153

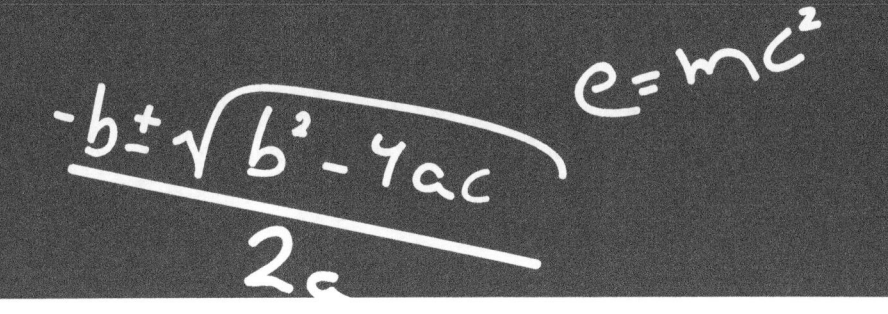

Prefácio

Atualmente, espera-se que a escola proporcione melhor conhecimento matemático aos seus estudantes. Tem-se a expectativa de que essa instituição promova condições para que o estudante se desenvolva para contribuir com a sociedade contemporânea, usando o que aprende na escola e na vida, aplicando suas habilidades e conhecimentos na resolução de problemas e na comunicação de suas ideias.

Para que esses objetivos sejam atingidos, é preciso dar a possibilidade aos professores de Matemática de desenvolverem uma noção profunda do seu objeto de ensino, superando a visão idealizada e formalista de uma matemática que não considera fenômenos do mundo contemporâneo. É preciso estabelecer conexões entre os conteúdos matemáticos ensinados na instituição superior e aqueles com os quais efetivamente os futuros professores irão lidar.

Uma das soluções apontadas para esse problema tem sido a formação continuada de professores, que se constitui em uma das exigências quando se trata de desenvolvimento profissional. Nessa perspectiva, os cursos de pós-graduação podem ser vistos como campo de possibilidades para que o professor amplie, aprofunde e reestruture seus conhecimentos, tendo como fonte diversas informações que, por algum motivo, deixaram de ser estudadas ou foram abordadas de forma superficial durante sua formação inicial.

Este texto, elaborado pelos professores Everaldo Silveira e Rudinei José Miola, oferece contribuições úteis e práticas que podem colaborar para o desenvolvimento profissional que se espera de um professor de Matemática. A partir de uma abordagem histórica da matemática, os autores contextualizam a trajetória do desenvolvimento desse conhecimento, evidenciando aspectos relevantes que precisam ser compreendidos pelos professores para que a matemática seja pensada como conhecimento dinâmico, ou seja, como um conhecimento que foi e continua sendo construído.

Em seguida, são evidenciadas questões relativas à Educação Matemática em que os professores são chamados a assumir o papel que lhes cabe no processo de ensino e aprendizagem da matemática escolar.

Entre as múltiplas responsabilidades atribuídas aos professores, está a de pesquisador de sua própria prática, que é o foco do presente texto. Para tratar desse tema, os autores abordam de forma clara e sucinta o **que é pesquisa** e as principais **tendências metodológicas para o ensino da matemática escolar** como uma forma de subsidiar os professores que pretendem investigar aspectos inerentes às suas práticas docentes, fornecendo, inclusive, um exemplo de como se efetivar pesquisas como estas em sala de aula.

Trata-se de um texto com linguagem acessível e, ao mesmo tempo, pautado no rigor exigido pela academia no que diz respeito à produção de um texto de cunho científico. Espera-se, dessa forma, que esta obra contribua para o desenvolvimento profissional desejado para professores de Matemática, no intuito de que a escola atinja o objetivo de propiciar um melhor conhecimento matemático para todos os estudantes.

Prof. Mc José Maria Soares Rodrigues

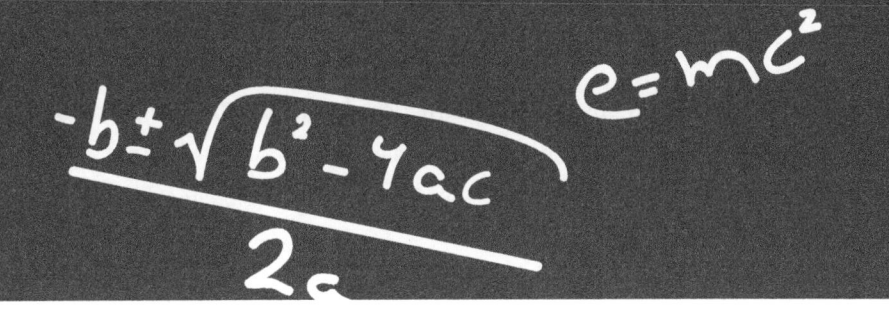

Apresentação

Nosso principal objetivo com este livro é tratar sobre o professor e o seu potencial como investigador da sua própria prática, porém, antes de chegarmos a essa temática propriamente dita, decidimos apresentar alguns esclarecimentos ao professor, nosso leitor, em relação ao que vem a ser a Educação Matemática.

No primeiro capítulo, apresentamos uma análise da Educação Matemática, sobretudo no que diz respeito à sua evolução histórica, tornando claro que essa área é fruto do trabalho de muitos pesquisadores que têm, desde o início do século passado, se empenhado na busca de melhorias no ensino da Matemática. Do mesmo modo, tratamos de aspectos relativos à história da matemática, por entendermos que a Educação Matemática tem sua gênese ligada a aspectos da própria matemática.

Também nesse primeiro capítulo, além de situar historicamente a criação e a consolidação da Educação Matemática como campo de pesquisa, buscamos esclarecer o que é a própria Educação Matemática, expressão ainda desconhecida por grande parte dos professores de Matemática do país.

No segundo capítulo, apresentamos, inclusive com exemplificações, o que tem sido feito por vários pesquisadores, especialmente a partir da década de 1970, no desenvolvimento de diversas tendências metodológicas que visam à melhoria da qualidade do processo de ensino e aprendizagem no Brasil e no mundo.

No terceiro capítulo, discutimos sobre a pesquisa e todos os elementos que a envolvem. Abordamos critérios de validação das pesquisas, além de diferenciar pesquisas qualitativas de quantitativas, situando a pesquisa em educação na abordagem qualitativa.

Por fim, no último capítulo, discutimos como o professor pode atuar na sua escola como investigador da sua própria prática. Discutimos a validade das investigações feitas por professores em concomitância com sua prática pedagógica e advogamos, apoiados em outros pesquisadores, em favor dessa modalidade de pesquisa. Para finalizar o capítulo, descrevemos uma investigação hipotética na qual uma professora busca descobrir o que leva um dos seus alunos a ter dificuldades com cálculos de subtração.

Esperamos que esta obra possa apresentar ao professor um pouco do que tem sido feito em busca de melhorias na qualidade do processo de ensino e aprendizagem da Matemática. Muitos professores têm abandonado a posição de meros espectadores do cenário de horror das aulas de Matemática e têm partido para o enfrentamento dessa realidade, almejando a conquista de melhores condições nas suas escolas e salas de aula. Que o professor esteja de coração e mente abertos às sugestões que oferecemos e que esta obra possa trazer parcelas a somar nas práticas profissionais de cada um.

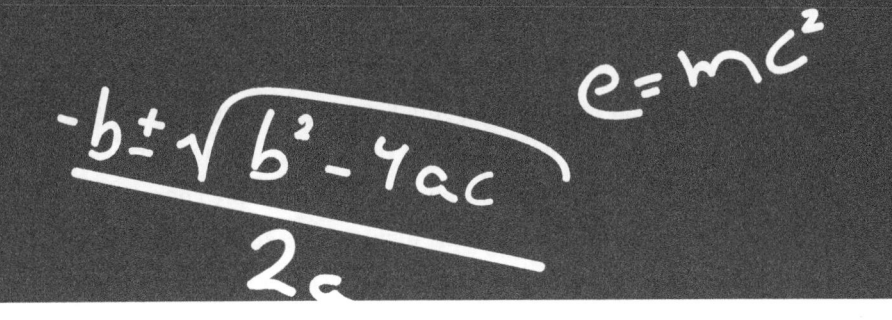

Introdução

As questões que se colocam sobre o ensino da Matemática e os problemas que se apresentam no dia a dia da sala de aula não são novos. Entretanto, mesmo com o passar dos anos e o desenvolvimento das pesquisas sobre o tema, parece que a sala de aula continua enfrentando os mesmos velhos problemas com novos nomes. Acreditamos que, para ocorrer efetiva melhora, se faz necessário que as propostas não venham de cima para baixo, ou seja, de órgãos técnicos que imponham currículos e objetivos para o ensino, mas sim que estes sejam uma construção *in loco*, fruto do trabalho e da pesquisa dos próprios professores. Torna-se, para nós, difícil conceber um profissional docente que não busque aperfeiçoar-se no exercício de seus afazeres e que, após vários anos em sala de aula, continue sempre com o mesmo discurso e a mesma prática (mesmo diante de tantas evidências de que a situação não esteja tão favorável*). Aprender a dominar conteúdos e técnicas é essencial, mas também torna-se necessário valorizar aspectos da prática, que não são valorizados nos cursos de formação, mas que são inerentes ao bom desempenho docente.

Dessa forma, o que desejamos com este livro é contribuir um pouco com a possibilidade de uma Educação Matemática mais efetiva por meio da pesquisa da própria prática. Pesquisa, no sentido aqui tomado, envolve reflexão metódica e cuidadosa sobre situações da sala de aula.

Assim, os capítulos que compõem este livro trazem elementos que visam a contribuir para que isso seja efetivado na prática. Não se pretende esgotar o assunto, muito menos que esta seja a última palavra sobre essa discussao. Mas, como já afirmamos, buscamos oferecer alguns elementos que podem contribuir para uma reflexão sobre essa questão.

---

* Basta ver as diversas avaliações institucionais. Estas, apesar de apresentarem certas dubiedades em relação a meios e objetivos, podem revelar um pouco da situação em que se encontra o ensino da Matemática.

$$\frac{-b \pm \sqrt{b^2-4ac}}{2a}$$

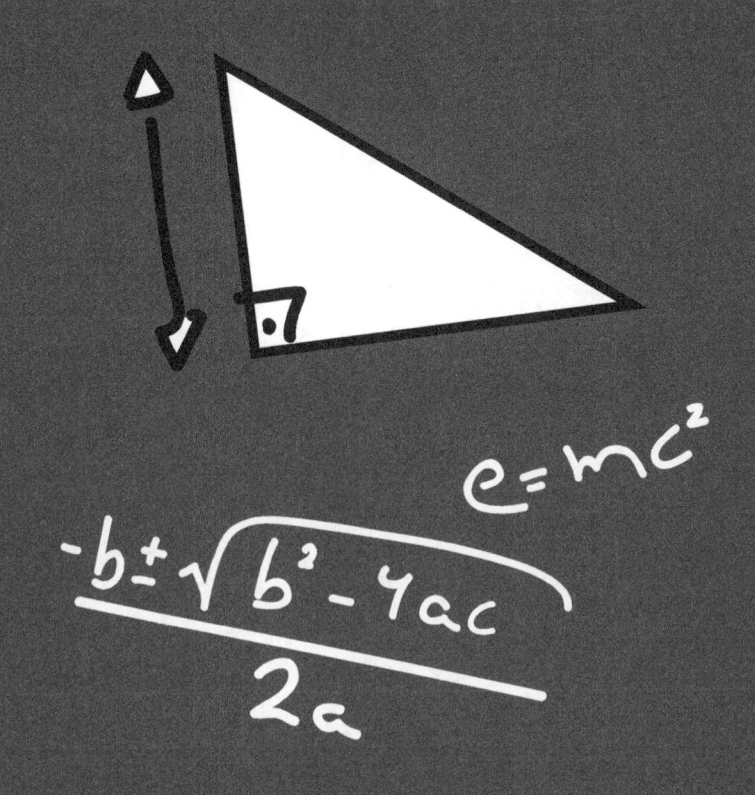

$e=mc^2$

Capítulo 1

Conhecer a história da matemática constitui um valioso recurso, no sentido de reunirmos informações e referências para enriquecermos nossas aulas. Utilizaremos esse enfoque neste texto, juntamente com a história da Educação Matemática, para tratar sobre o desenvolvimento do campo de conhecimento denominado *Educação Matemática*, fazendo referências a detalhes que demonstrem como a matemática é uma área em constante transformação. Ao mesmo tempo, ofereceremos subsídios para justificar a sugestão de uma atitude reflexiva por parte dos professores em relação às questões relacionadas à sua atuação profissional. Finalizaremos o capítulo apresentando um panorama mais recente sobre o desenvolvimento da Educação Matemática, abordando, sobretudo, a criação da Sociedade Brasileira de Educação Matemática (SBEM).

Tópicos históricos sobre o desenvolvimento da matemática e da Educação Matemática

A matemática é um tipo de conhecimento construído pelo homem em suas relações sociais frente a situações-problema e pode ser definida, atualmente, segundo os Parâmetros Curriculares Nacionais (PCN), como "a ciência que estuda todas as possíveis relações e interdependências quantitativas entre grandezas, comportando um vasto campo de teorias, modelos e procedimentos de análise, metodologias próprias de pesquisa, formas de coletar e interpretar dados" (Brasil, 1997, p. 20).

Entretanto, na trajetória do desenvolvimento do conhecimento matemático, podemos verificar que diferentes formas de tratamento foram adotadas, dependendo do momento histórico e social, e que precisam ser conhecidas e compreendidas pelos professores e futuros professores dessa disciplina.

Foram necessários milhares de anos para que acumulássemos conhecimentos e técnicas suficientes para, por exemplo, servir-nos de tecnologias avançadas para solucionar os mais diversos problemas, bem como para tomarmos parte de complexas estruturas sociais. Esse processo histórico tem forte relevância no desenvolvimento do ensino da Matemática. Mas não é difícil perceber visões que não se coadunam com essa ideia. Há concepções de que a matemática é um conhecimento pronto e acabado, que o ensino desta é algo sem segredos e que já existe uma receita de êxito, portanto, é só segui-la. Muitos se apegam à ideia de que há um modelo de ensino tradicional e que muitos foram bem-sucedidos ao serem instruídos com essa concepção. Logo, funciona.

Esse é um pensamento que, ao mesmo tempo em que ignora o conhecimento gerado em outros campos de pesquisa, como a filosofia, a psicologia e a didática, por exemplo, também se mostra conformista com a realidade vivida nas salas de aula.

É nas escolas, onde ocorre o ensino da Matemática, longe do idealizado em esferas intelectuais, que percebemos a existência de muitos problemas, como o desinteresse e o descaso dos alunos com relação ao que lhes é ensinado na disciplina de Matemática. Não entraremos em detalhes nesse aspecto, pois precisaríamos de mais de um livro exclusivamente para discutir tais problemas, além de existirem pontos polêmicos que necessitam ainda de muito esclarecimento, por meio de pesquisas e discussões.

Retomando os comentários iniciais, nossa intenção, neste capítulo, é mostrar alguns pontos históricos relativos ao ensino da Matemática e ao desenvolvimento dessa ciência, até chegarmos ao presente momento no qual está situado o nosso objetivo: a Educação Matemática.

Assim, mantendo-nos fiéis à ideia esboçada no parágrafo anterior, começaremos por apresentar algumas reflexões a respeito de como concebemos o conhecimento matemático, pois, como professores dessa disciplina, não podemos negar que isso interfere profundamente em nossa atuação na sala de aula. Utilizaremos a história como uma espécie de "elemento orientador" por entendermos que saber sobre os fatos do passado pode vir a auxiliar no discernimento e no esclarecimento do que podemos fazer no presente e do que desejamos para o futuro.

O ensino da disciplina de Matemática na escola está muito ligado ao que acontece na pesquisa em matemática e nas demais ciências. E mais, as ciências estão ligadas aos aspectos sociais e políticos de cada época. Tal como a história nos conta, tais aspectos predominantes em uma determinada época poderiam ser considerados inadequados em outra. Essas mudanças afetavam também o currículo adotado nas escolas, modificando-o. Dessa forma, os métodos de ensino também seriam afetados.

Durante o desenvolvimento da humanidade, houve, em diferentes épocas, povos que contribuíram para o desenvolvimento do conhecimento humano como um todo e, em especial, da matemática.

O que hoje fazemos em sala de aula não é algo pronto e acabado, tal como possamos imaginar que aconteça com a matemática. Pelo contrário, mesmo esta permanece em constante transformação.

Sobre esse contínuo desenvolvimento, Davis e Hersh (1995, p. 38) afirmam que, segundo um esquema de classificação da American Mathematical Society (AMS), feito em 1980, uma estrutura pormenorizada das áreas em que se subdivide a matemática estaria dividida em mais de 3.000 categorias. E, na maior parte dessas 3.000 áreas, é criada matemática nova a uma taxa que se mantém em constante crescimento. Portanto, um panorama atualizado deve aumentar um pouco esse número. Fazendo uma estimativa de quantos teoremas são publicados em periódicos de matemática, os autores chegam ao número de quase

200.000 teoremas por ano. Com um número de teoremas superior ao que qualquer ser humano pode examinar, eles perguntam então a quem se pode confiar o cargo de escolher o que é importante. De fato, como podemos perceber pelos argumentos desses autores, a cada ano lidamos com o surgimento de áreas novas na matemática e também de novos problemas, enquanto velhos problemas perdem, relativamente, importância.

1.1 Transformações primeiras

Desde as suas primeiras manifestações, ligadas mais diretamente às necessidades práticas (Machado, 1989, p. 11) – como mostram os registros da Babilônia, na Dinastia Amorita, por volta de 2000 a.C., ou do Egito, no papiro de Moscovo, por volta de 1800 a.C –, e ao longo do seu desenvolvimento, a matemática passou por diversas etapas que apresentavam características qualitativamente diferentes. Estas eram condicionadas ao contexto histórico das épocas que influenciaram sua produção. Conforme Miorim (1998, p. 1), o ensino dos conhecimentos matemáticos em determinados momentos estava associado à sua produção. Entretanto, em outros períodos, de acordo com a ampliação de tais conhecimentos e com as transformações das condições sociais, políticas e econômicas, esse ensino desenvolveu-se de maneira independente.

Dessa forma, a uma fase inicial ligada à simples manipulação seguiu-se um período de desenvolvimento em que o tratamento dado à matemática foi extremamente formal, havendo, com o passar dos anos, uma alternância entre essas duas visões.

Machado (1989, p. 9), ao questionar a visão de que o conhecimento matemático "possui características de objetividade, precisão, rigor, de neutralidade do ponto de vista ideológico" e que, portanto, estaria imune às diferenças encontradas em cada sociedade, procurou mostrar que sempre houve períodos em que a matemática dominante, ou a que mais se desenvolvia, oscilava entre fins práticos e fins intelectuais. Segundo o autor, "nesta evolução aparecem sucessivamente períodos em que o trabalho matemático inspira-se diretamente na experiência sensível e períodos onde [sic] as noções, os resultados mal-estruturados da fase anterior são sistematizados e generalizados, de forma aparentemente abstrata" (Machado, 1989, p. 11).

Consequentemente, o ensino da Matemática tem apresentado diferentes facetas através dos séculos, seguindo as ideias matemáticas vigentes em cada época. Apresentaremos algumas fases, em ordem cronológica, sem a intenção de esgotar o assunto, mas procurando apenas localizar o leitor quanto às ideias expostas.

Assim, houve uma primeira fase, como a da matemática egípcia, em que o conhecimento matemático de fórmulas e receitas surgia diretamente das necessidades práticas do dia a dia.

Entre os registros que se têm sobre a matemática dos povos antigos, seja nas tábuas de argila dos babilônios, seja nos papiros egípcios, encontram-se listas de problemas matemáticos*. Provavelmente, os mestres passavam para seus alunos resolverem, no intuito de motivá-los. Também se nota que o mesmo problema aparece em textos de civilizações diferentes e em diferentes períodos da história.

Seguiu-se a fase da matemática grega**, a qual, pelo próprio caráter social, imprimiu uma configuração formal e sistemática ao desenvolvimento dessa ciência. Muitos dos trabalhos desenvolvidos nessa fase exercem influência ainda hoje. É desse período o filósofo Platão (427-347 a.C.). É comum ouvir que alguém tem uma concepção platônica da matemática, expressão que se refere a Platão e suas ideias. O significado atribuído em

---

* Para obter mais informações sobre esse assunto, recomendamos uma visita ao endereço <http://www.malhatlantica.pt/mathis/>, em que há um breve histórico da matemática centrado em problemas matemáticos, bem como vários conteúdos relacionados ao tema.

** No sistema de educação grego, as matemáticas eram formadas por geometria, aritmética, música e astronomia.

geral a entender esse termo relaciona-se, principalmente, devido a um modo específico de compreender os conhecimentos matemáticos, assumindo que eles têm uma "preexistência", cabendo a nós apenas descobrir o que já existe, ou seja, trata-se de uma matemática completamente abstrata, desligada dos problemas cotidianos. Outro exemplo é Euclides, com seus *Elementos*, século III a.C., publicação essa que é citada como referência desde seu surgimento até os dias atuais. Entre os gregos também estava Arquimedes (286-212 a.C.), que nos legou importantes descobertas práticas no terreno da mecânica, como o princípio da alavanca. Porém, para esse período grego, as aplicações não eram valorizadas, pois apenas o conhecimento formal abstrato era considerado digno.

Ressaltamos que as ideias expostas por Einstein na teoria da relatividade foram possíveis graças ao seu contato com as geometrias não euclidianas[*], que somente surgiram à luz em suas primeiras sistematizações com Nicolai Lobachevsky (1793-1856) e János Bolyai (1802-1860), aproximadamente 20 séculos depois da obra de Euclides, conforme esclarecem Machado (1989) e Coutinho (2001).

Na próxima fase, apareceram os hindus, um povo essencialmente nômade e pastoril. Eles não estavam preocupados somente com a estética e a formalidade tal qual os gregos e ofereceram contribuições valiosas ao conhecimento matemático, tais como o desenvolvimento da álgebra (não formalizada) e a "criação" do zero. Tem origem na matemática hindu o nosso atual sistema de numeração decimal de posição, e seu primeiro registro, conforme Struik (1997), data do ano de 595. Em um prato foi encontrada a data 346 escrita na notação posicional e decimal.

Os árabes, a partir do conhecimento absorvido dos hindus, refinaram e incrementaram o desenvolvimento inicial da álgebra, sendo responsáveis pela sua continuidade até que essa forma de matemática chegasse à

---

[*] As geometrias não euclidianas surgem do questionamento de postulados da geometria de Euclides, em especial o 5.º postulado, que trata das retas paralelas.

Europa. Os árabes, ao conquistarem outros povos em suas guerras, assimilavam seus conhecimentos e incentivavam o seu desenvolvimento, tendo assim mantido muitos conhecimentos adquiridos durante o império muçulmano. A origem da palavra *algoritmo* deve-se ao nome do matemático árabe que mais exerceu influência por suas obras, Al-Khwarizmi (780-850).

Mas muito tempo se passou até que as descobertas feitas pelos árabes e hindus fossem adotadas pelo mundo ocidental. Tal adoção ocorreu inicialmente de forma escondida, pois o uso de tais conhecimentos sobre os algarismos arábicos era proibido por autoridades religiosas. De acordo com Struik (1997), o *Liber Abaci*, obra de Fibonacci publicada em 1202, foi um meio de divulgação do sistema indo-arábico na Europa Ocidental.

1.2 Constituição de um *corpus*

A matemática que conhecemos hoje é um conhecimento bem sistematizado, tem uma identidade e uma estrutura bem conectadas e definidas. Entretanto, não foi sempre assim.

Na Idade Média, pelo menos até meados do século XVI, o que se fazia de matemática, mesmo nas universidades, não passava de rudimentos. Recorria-se em grande parte a técnicas digitais* e ao ábaco para a realização de contagens e cálculos. Segundo Miorim (1998, p. 9), caso se quisesse aprender a multiplicar e dividir, o aluno precisava escolher uma universidade adequada, pois apenas algumas poucas podiam oferecer

---

* O termo *técnicas digitais* diz respeito ao uso de partes do corpo humano para auxiliar nos cálculos. A propósito, somos levados a fazer uma divagação, que de forma nenhuma é uma afirmação, mas apenas um questionamento passível de ser confirmado ou rechaçado por meio de pesquisa: haveria relação entre o fato de nossos mestres não nos permitirem utilizar os dedos como apoio para fazer cálculos e uma possível concepção que tratava de fugir de métodos considerados antiquados, pois faziam parte de uma prática não moderna?

técnicas de cálculo que, para a época, eram consideradas muito avançadas e, mesmo assim, seria necessário o auxílio do ábaco.

Portanto, não nos deve causar admiração que, por exemplo, "Montaigne (1533-1592) – um dos mais importantes representantes do Renascimento – declarasse que não sabia calcular 'nem por fichas nem por escrito'" (Ifrah, 1989, p. 317, citado por Miorim, 1998, p. 9). Essa dificuldade devia-se à complexidade de realizar as operações sem um sistema de numeração apropriado, tal como o sistema de numeração decimal.

De acordo com Machado, nos séculos XV e XVI, ocorreu então um período de sistematização da matemática,

> *deslocando-se as atenções dos resultados empíricos de aplicação restrita para outros de sentido mais globalizante. E uma nova fase de resultados espetaculares se seguiu com Descartes (1596-1650), Leibniz (1646-1716), Newton (1642-1727) e outros. São as descobertas e as construções matemáticas desta época que estão na origem da Astronomia e da Física modernas.* (Machado, 1989, p. 15)

A essa sistematização inicial seguiu-se um período de grande progresso científico que se estendeu até a primeira metade do século XIX, quando, segundo Machado (1989, p. 15), devido ao grande desenvolvimento de variados setores da matemática, surgiu uma nova necessidade de sistematização e de crítica dos fundamentos. Sobre isso, Boyer esclarece que:

> *O século dezenove, mais do que qualquer período precedente, mereceu ser conhecido como Idade Áurea da Matemática. O que se acrescentou ao assunto durante esses cem anos supera de longe, tanto em quantidade quanto em qualidade, a produtividade total combinada de todas as épocas precedentes.* (Boyer, 1974, p. 419)

Nessa etapa, como afirma Miorim (1998, p. 57), o estudo matemático rompe sua ligação com as necessidades práticas, como a mecânica e a astronomia, surgindo a preocupação com o rigor, a necessidade de áreas especializadas e grandes mudanças na geometria.

Durante esse período em que floresce o conhecimento, o foco na formação científica também aumenta e, com a criação de sistemas nacionais de educação, há uma maior preocupação com o ensino elementar, que começa a ser estendido a todas as camadas da população.

São amplamente divulgadas ideias que influenciaram a educação moderna e que alteraram o ensino da Matemática, até então feito de forma mecânica e memorística, sugerindo a "necessidade de conceder uma grande importância à intuição imediata, orientando os métodos para o estudo de objetos reais e bastante conhecidos dos alunos" (Klein, 1931, p. 310, citado por Miorim, 1998, p. 69).

1.3 Rumo à modernização

Desde o final do século XIX, começaram a surgir preocupações em modernizar o ensino da Matemática, visto o grande avanço que essa ciência estava tendo e o descompasso que estava surgindo entre o ensino secundário e o superior. Além disso, a formação universitária dos profissionais que atuariam no ensino de Matemática estava restrita à matemática superior, direcionada a formar pesquisadores nessa área. Pouca atenção era dada à formação dos profissionais que atuariam no ensino nos níveis mais elementares.

Com a formação de sistemas escolares nacionais, as universidades passaram formalmente a ter responsabilidade na formação de professores. Conforme Miorim (1998, p. 66), as universidades alemãs foram pioneiras em oferecer cursos mais direcionados para a formação de professores de Matemática, sendo Felix Klein (1849-1925) um dos responsáveis pela introdução de cursos de metodologia específica de Matemática nessas universidades.

Devido ao intenso desenvolvimento que a matemática alcançara nesse período e ao grande número de publicações na área, acabam por se tornar necessários meios para a discussão e a divulgação dessas ideias. A partir daí, surgem sociedades especializadas que organizam encontros e congressos nacionais e, logo, internacionais*. Com esses encontros, surgiram questões referentes ao ensino da Matemática e à situação em que este se encontrava nas diferentes nações. Passou a haver então um espaço reservado nos congressos internacionais de matemática para discussões da Educação Matemática.

Esse espaço, entretanto, não satisfez aos que estavam mais preocupados com o tema, pois os assuntos tratados estavam mais relacionados a minúcias matemáticas. Assim, no 4º Congresso Internacional de Matemática, ocorrido em 1908, em Roma, foi proposta a criação de uma comissão internacional para discutir questões referentes à Educação Matemática. Essa comissão é conhecida hoje como International Comission on Mathematical Instruction (ICMI) e completa 100 anos em 2008. Ela também é conhecida, em sua versão francesa, como Commission Internationale de L'Enseignement Mathématique (CIEM). Os alemães a denominam Internationalen Mathematische Unterrichts Kommission (IMUK). O primeiro presidente eleito foi Felix Klein, que não estava presente à reunião, mas que permaneceu no cargo até seu falecimento, em 1925.

A partir desse congresso, realizado em Roma, foram solicitadas informações sobre a situação do ensino de Matemática nos diversos países participantes. A grande quantidade de dados obtidos deu origem a vários estudos assim como a diversos trabalhos publicados, constituindo-se em uma intensa contribuição à Educação Matemática.

---

* O primeiro Congresso Internacional de Matemática ocorreu em Zurique, em 1897.

Miorim (1998, p. 66) recorda o trabalho de William Kilpatrick para enfatizar que essa iniciativa do ICMI representou os esforços iniciais dos matemáticos em torno da reforma da matemática escolar, bem como da coleta de informações que subsidiaram essa reforma.

Um dos meios mais importantes de divulgação desses trabalhos, e também de comunicação oficial do ICMI, foi a revista *L'Enseignement mathématique*, fundada em 1899[*].

Foi um período de grande avanço e cujos trabalhos exerceram grande influência em relação à melhoria do ensino da Matemática nos anos posteriores, mesmo tendo sido ofuscado devido à eclosão da Primeira Guerra Mundial, que durou de 1914 a 1918.

As propostas que surgiram a partir dessa comissão, e que foram colocadas em prática na maior parte dos países, podem ser resumidas nos seguintes princípios, citados por Miorim:

> *[a] eliminação da organização excessivamente sistemática e lógica dos conteúdos da escola; [b] consideração da intuição como um elemento inicial importante para a futura sistematização; [c] introdução de conteúdos mais modernos, como as funções e o cálculo diferencial e integral, especialmente devido à importância deles no desenvolvimento da Matemática e na unificação de suas várias áreas; [d] valorização das aplicações da Matemática para a formação de qualquer estudante de escolas de nível médio, não apenas para os futuros técnicos; [e] percepção da importância da "fusão", ou descompartimentalizacão, dos conteúdos ensinados.* (Miorim, 1998, p. 78)

---

[*] A revista ainda é editada e sua versão *on-line* pode ser acessada em <http://www.unige.ch/math/EnsMath/EM_fr/welcome.html>. Está disponível em inglês ou em francês, porém, a versão francesa é mais completa.

No Brasil, essas ideias modernizadoras começaram a exercer influência no ensino de Matemática apenas no final da década de 1920, tendo um resultado mais concreto com a fundação do Colégio Pedro II, no Rio de Janeiro, em 1837, que foi responsável, posteriormente, pela publicação de um programa modelo para o ensino de Matemática e das demais disciplinas no ensino secundário.

Anteriormente a isso, como nos mostra Valente (1999, p. 11), as aulas de Matemática no Brasil têm suas origens nas academias militares do Rio de Janeiro, iniciando-se em 1738 com as aulas de Artilharia e Fortificação, dedicadas à formação de oficiais militares, e estendendo-se até a Independência do Brasil. Mostra-nos esse autor que o desenvolvimento das matemáticas escolares se deve às necessidades das "armas eruditas" (fortificação, artilharia e marinha) muito mais que aos jesuítas, a quem erroneamente se atribui essa gênese.

Um dos primeiros livros didáticos escritos para o ensino de Matemática no Brasil, datado de 1744, é *Exame de artilheiros*, de José Fernandes Pinto Alpoim. Valente esclarece que

> *O livro é organizado sob a forma de perguntas e respostas; a primeira pergunta é 'Que é a aritmética?'. A resposta de Alpoim é 'É uma arte que ensina a fazer bem os cálculos, ou seja, sobre os números ou sobre as letras do ABC que se chama Álgebra especial e vem da palavra arithmos, que significa número.' Apesar de mencionar a álgebra, em todo o 'Tratado' não há nenhum tipo de tratamento algébrico à matemática elementar nele colocada. À primeira pergunta seguem outras noventa e quatro.* (Valente, 1999, p. 48)

Esse impulso no desenvolvimento das matemáticas, originado por motivos bélicos, novamente deu início a um movimento de renovação do ensino da Matemática, após 1957, com o lançamento do *Sputnik* pela então União Soviética. Isso gerou entre as diversas nações, em particular os Estados Unidos, grande preocupação em relação à manutenção de uma tecnologia capaz de se aproximar ou, de preferência, superar os avanços soviéticos. Dessa forma, começou-se a dar grande incentivo ao desenvolvimento científico, em particular ao da física e ao da matemática. Nessa época, a matemática escolar era constituída por aritmética, álgebra, geometria e trigonometria, que se apresentavam como ramos bem constituídos e separados.

1.4 Movimento da Matemática Moderna

Em 1959, na cidade francesa de Royamont, a Organização para Cooperação e Desenvolvimento Econômico (OCDE) organiza uma convenção com duas semanas de duração e que conta com a participação de 60 professores de 20 países. Conforme Matos (1986, p. 10), dentre eles, destacam-se Begle, Castelnuovo, Choquet, Dieudonné, Fehr e Servais. O Movimento da Matemática Moderna, que tem por objetivo "unificar esforços, e definir um currículo para o ensino da Matemática", tem seu início nessa convenção. É aqui que surge a palavra de ordem de Dieudonné: "Abaixo Euclides!".

Esse movimento se estendeu pelas décadas de 1960 e 1970, provocando alterações curriculares em diversos países, inclusive no Brasil, e exerceu uma grande influência no ensino da Matemática que perdura até hoje. Tal movimento, seguindo na esteira do trabalho de unificação da matemática que estava sendo realizado pelo grupo *Bourbaki**, pretendia "modernizar" seu ensino, querendo aproximá-la da nova

---

* Grupo *Bourbaki* é o pseudônimo pelo qual é conhecido um grupo de matemáticos, em sua maioria franceses. Tudo o que eles publicavam, datando de 1939 a primeira vez, saía sob o nome de Nicolas Bourbaki. Foi esse grupo o responsável por unificar a matemática, tendo como base a teoria dos conjuntos.

matemática que, devido às mudanças originadas pela produção do grupo *Bourbaki*, estava sendo abordada nos cursos superiores. Desse modo, houve uma maior preocupação com a linguagem mais formal e a introdução de conceitos unificadores. Ainda hoje se percebe a influência, no ensino da Matemática, das ideias que foram equivocadamente gestadas durante aquela época de "modernização", conforme podemos ler, por exemplo, nos PCN: "a insistência no trabalho com os conjuntos nas séries iniciais, o predomínio absoluto da Álgebra nas séries finais, a formalização precoce de conceitos e a pouca vinculação da Matemática às suas aplicações práticas" (Brasil, 1997, p. 21).

No Brasil, a introdução da Matemática Moderna se deu principalmente por meio da publicação e da divulgação de livros didáticos, escritos segundo os princípios que orientavam esse movimento. As ideias divulgadas por essas obras exerceram grande influência sobre o ensino da Matemática e mantêm até hoje pontos de discussão. Isso pode ser percebido, entre outras situações, nas discussões referentes à inclusão ou não do estudo de conjuntos ou à insistência da formalização dos conceitos matemáticos já nas séries iniciais.

Os que colocaram em prática os ideais da Matemática Moderna, de acordo com Matos, acreditavam que "as estruturas matemáticas integradas nos currículos representavam os processos mentais e matemáticos, e que as mudanças curriculares eram o fator decisivo para a renovação do ensino da Matemática" (Matos, 1986, p. 1).

Todo o quadro que se assistiu com a implantação da Matemática Moderna gerou diversas iniciativas, suscitou debates e promoveu discussões sobre tópicos relacionados ao ensino dessa disciplina, os quais não poderíamos responder como e quando seriam levantados, caso esse movimento não tivesse acontecido.

Além disso, havia boas ideias na origem do processo de difusão da Matemática Moderna, que se deu nos anos 1960, como a necessidade de democratização desse conhecimento que era considerado essencial para a compreensão da ciência. Segundo Pires (2000, p. 24), os defensores da Matemática Moderna sempre insistiram na necessidade de que, junto com a reforma de métodos e técnicas, deveria ocorrer uma reforma pedagógica.

Entretanto, conforme esclarecido nos PCN (Brasil, 1997, p. 20), tendo surgido em um contexto de modernização econômica, esse movimento de reforma educacional, juntamente com a área de ciências naturais, foi tomado como essencial para o pensamento científico e tecnológico.

Como percebemos, foram grandes as influências e os debates que o processo de implementação e difusão da Matemática Moderna sofreu. Além disso, o peso dado ao desenvolvimento científico e tecnológico naquele momento, pressionado por um perigo imaginado — a guerra tecnológica travada na Guerra Fria —, exerceu enorme pressão para que as mudanças chegassem o mais rápido possível (e impossível) para serem aplicadas em sala de aula.

Dessa forma, o estudo histórico do desenvolvimento da matemática deve nos interessar sobremaneira, pois permite que certas posições sobre o seu ensino sejam questionadas. Da mesma forma, também permite assumir que há muito o que refletir quanto aos diversos vieses possíveis de serem percebidos na prática do ensino, da aprendizagem e da pesquisa no campo da Educação Matemática.

Nesse sentido, em relação ao Movimento da Matemática Moderna, Charlot comenta sobre a importância de analisarmos sua história, pois "ela permite recolocar o foco nas interferências econômicas, sociais e ideológicas dessa reforma e, por outro lado, observar que seus promotores tinham objetivos diferentes daqueles que foram atingidos" (Charlot, 1986, citado por Pires, 2000, p. 10).

A proposta de "modernização" perde força em uma década, sendo que o segundo congresso da ICMI, em 1972, pode ser considerado como marco do fim do Movimento da Matemática Moderna.

Mas, conforme Matos (1986, p. 2), podiam ouvir-se vozes levantando-se para condenar a reforma muito antes. Ainda na década de 1970, muitas questões foram sistematicamente colocadas sobre os rumos que o movimento tomou, principalmente quanto à sobrevalorização dos conteúdos quando a importância maior estaria nos métodos.

Assim, gradualmente, a ênfase começa a ser colocada em outros aspectos, como a resolução de problemas, a ligação da matemática com a vida real e a utilização de calculadoras, e passa-se a dar mais importância à utilização de outros materiais de ensino.

1.5 Novos rumos do ensino de Matemática

Novos rumos foram dados às questões envolvendo o ensino e a aprendizagem da Matemática ao surgir a compreensão de que aspectos sociais, antropológicos, linguísticos e também psicológicos têm grande importância na aprendizagem da Matemática.

A partir dessa percepção, grupos de pesquisadores e professores passaram a se reunir em busca de melhores resultados na relação ensino-aprendizagem. A preocupação recaiu na investigação do que efetivamente acontece em sala de aula e na cabeça dos alunos.

Essa mudança de atitude deu grande impulso à pesquisa relacionada ao ensino e à aprendizagem da Matemática e levou à consolidação do movimento que denominamos *Educação Matemática*. Como explorado anteriormente, esse movimento tem suas raízes nos anos 1950, ligado a ideias e inquietudes acerca da relação ensino-aprendizagem da Matemática, surgidas internamente aos congressos internacionais de matemática, mas que posteriormente começaram a adquirir um *status* próprio, indo além de um mero auxílio aos problemas relacionados à formação para a matemática superior.

Assim, no decorrer da década de 1980, muitas reformas curriculares foram colocadas em prática em diferentes países, como França, Estados Unidos, Itália, Inglaterra, Japão, Portugal, Espanha e Holanda, de forma isolada, mas mantendo as discussões que se originaram nos encontros internacionais de Educação Matemática. Nessa mesma década, o National Council of Teachers of Mathematics (NCTM) — Conselho Nacional de Professores de Matemática, dos Estados Unidos da América — apresentou a chamada *Agenda para a ação*, que trazia recomendações para o ensino da Matemática. Nessas recomendações, era dada ênfase à resolução de problemas. Também nessa década, foram apontados os aspectos sociais, antropológicos e linguísticos como tendo papel relevante na aprendizagem da Matemática e como elementos que imprimiram novos rumos para os programas curriculares das mais diversas nações.

Os PCN trazem um resumo sobre os pontos de convergência existentes entre as propostas curriculares elaboradas entre 1980 e 1995 em diversos países, como Argentina, Espanha, Estados Unidos e Inglaterra. São os seguintes:

> *[a] direcionamento do ensino fundamental para a aquisição de competências básicas necessárias ao cidadão e não apenas voltadas para a preparação de estudos posteriores; [b] importância do desempenho de um papel ativo do aluno na construção do seu conhecimento; [c] ênfase na resolução de problemas, na exploração da Matemática a partir dos problemas vividos no cotidiano e encontrados nas várias disciplinas; [d] importância de se trabalhar com um amplo espectro de conteúdos, incluindo-se, já no ensino fundamental, elementos de estatística, probabilidade e combinatória, para atender à demanda social que indica a necessidade de abordar esses assuntos; [e] necessidade de levar os alunos a compreenderem a importância do uso da tecnologia e a acompanharem sua permanente renovação.* (Brasil, 1997, p. 21)

No Brasil, desde meados da década de 1950, podem ser percebidos movimentos que enfatizaram questões relativas ao ensino e à aprendizagem da Matemática. Segundo Fiorentini e Lorenzato (2006, p. 19), as primeiras pesquisas que se aproximaram da pesquisa acadêmica, com foco na Educação Matemática, surgiram inicialmente ligadas aos Centros Regionais de Pesquisas Educacionais (CRPE), criados em 1956. O impulso para a criação de tais centros ocorreu junto com os anseios de acompanhar as mudanças curriculares exigidas pelo Movimento da Matemática Moderna, que, ao mesmo tempo, criaram uma situação propícia para o nascimento da Educação Matemática, na década de 1970. Nesse período, apareceram programas de pós-graduação em educação, matemática e psicologia, em que são realizadas as tentativas iniciais de sistematizar esse campo.

Desse momento, citado no parágrafo anterior, em que localizamos o nascimento de um campo de conhecimentos, até a atualidade, muito se progrediu quanto à sistemática e às dimensões de estudo da Educação Matemática. Também cresceu o número de cursos de pós-graduação em que as questões da Educação Matemática são tratadas.

Em específico, na década de 1980, os esforços nesse sentido tomaram corpo e se tornaram explícitos. Em janeiro de 1988, foi fundada a Sociedade Brasileira de Educação Matemática (SBEM), que reúne em torno de si pesquisadores, professores e alunos, dos diferentes níveis do ensino de Matemática, interessados nesse campo de pesquisa.

Isso é coerente com os objetivos explicitados pela SBEM, que são:

> buscar meios para desenvolver a formação matemática de todo cidadão de nosso país. Para isso, congrega profissionais e alunos envolvidos com a área de Educação Matemática ou com áreas afins e procura promover o desenvolvimento desse ramo do conhecimento científico, por meio do estímulo a atividades de pesquisa e de estudos acadêmicos. É também objetivo da SBEM a difusão ampla de informações e de conheci-

mentos nas inúmeras vertentes da Educação Matemática. (Sociedade Brasileira de Educação Matemática, 2007)

Desde o final da década de 1980, os educadores matemáticos passaram a adotar esse nome para a sociedade e começaram a delimitar as fronteiras desse campo de conhecimento. Somado a isso, Fiorentini e Lorenzato (2006, p. 34-35) esclarecem que, nos anos de 1990, retornaram ao Brasil mais de vinte educadores matemáticos que fizeram seus doutorados em países europeus e nos Estados Unidos, dando novas energias e um novo impulso ao desenvolvimento da pesquisa em Educação Matemática no país.

Desde então, a SBEM tem sido a linha de frente para os debates educacionais ligados à matemática escolar, atuando em relação aos currículos de Matemática, à formação de professores, aos livros didáticos, ao uso de novas tecnologias educacionais, entre outros assuntos relevantes à Educação Matemática. Como fórum de debates, essa associação promove o Encontro Nacional de Educação Matemática (Enem), o Seminário Internacional de Pesquisa em Educação Matemática (Sipem), encontros regionais e estaduais, além de publicar um periódico chamado *Educação Matemática em Revista*[*].

Síntese

Neste capítulo, buscamos mostrar, através da história da matemática e da história da Educação Matemática, o desenvolvimento do ensino da Matemática associado ao desenvolvimento da matemática, abordando situações que nos mostram que a disciplina a ser trabalhada na escola

---

[*] De periodicidade semestral, essa revista pode ser adquirida pelo *site* da SBEM: <http://www.sbem.com.br>.

é uma construção social em desenvolvimento. Abordamos as diversas fases por que esse conhecimento passou, culminando com a criação da Sociedade Brasileira de Educação Matemática (SBEM) e as pesquisas realizadas no campo da Educação Matemática.

Atividades de Autoavaliação

Nas questões de 1 a 6, marque a alternativa que melhor responde cada questão.

1. Sobre a matemática e o seu desenvolvimento, podemos afirmar que:
   a) foi construída pelo homem que buscava resolver determinados problemas surgidos durante o seu desenvolvimento.
   b) foi criada por alguns homens especiais que tinham habilidades além do comum e que por meio de *insights* descobriam as relações matemáticas e os teoremas.
   c) sempre existiu no mundo das ideias e alguns seres humanos especiais conseguiram ter acesso a esse mundo abstrato e descobrir a matemática.
   d) a matemática é natural. Prova disso são as formas matemáticas encontradas na natureza, como, por exemplo, o caso das células em formato de prismas hexagonais, que as abelhas constroem para depositar o mel e que demonstram que elas têm domínio da matemática.

2. Para que ocorra de fato a Educação Matemática na sala de aula, é necessário que o professor tenha o domínio:
   a) apenas da matemática, pois temos muitos engenheiros que são excelentes professores de Matemática.
   b) apenas didático, pois, tendo o conhecimento didático, conseguirá guiar os alunos ao seu aprendizado, sem necessariamente precisar explicar tudo a eles.

c) de conhecimentos relacionados à ciência específica, nesse caso, à matemática, e outros relacionados à educação, permitindo que esse professor tenha condições de mediar a aprendizagem dos seus alunos.

d) dependendo da necessidade local, é necessária apenas a vontade do indivíduo, que certamente acabará aprendendo o que precisa ensinar no seu contato com os livros didáticos.

3. Segundo a visão platônica da matemática, podemos afirmar que:
   a) a matemática já existe em um mundo ideal e, portanto, nós não fazemos nada além de percebê-la.
   b) a matemática é considerada uma acumulação de fatos, regras e habilidades, que será utilizada objetivando determinados fins.
   c) a matemática é um corpo de conhecimentos que só existe em função da resolução de problemas provenientes do mundo real.
   d) a matemática está em constante expansão e é resultado do processo cultural, sendo passível de críticas e correções.

4. O Movimento da Matemática Moderna, que chegou ao Brasil entre as décadas de 1960 e 1970, iniciou-se na França com um grupo chamado *Bourbaki*. Podemos considerar que uma das heranças desse movimento, muito comum ainda hoje no ensino de Matemática, é:
   a) uma grande apelação a metodologias diferenciadas para o ensino da Matemática, como resolução de problemas e modelagem matemática.
   b) uma matemática voltada às aplicações, com pouca ou nenhuma formalização de conceitos.
   c) a busca pela formalização de conceitos de forma muito precoce e pouca ou nenhuma aplicação.
   d) a ausência do uso de conjuntos nos programas.

5. A década de 1970 foi importante no que tange às pesquisas voltadas ao ensino da Matemática. Um passo fundamental dessa época foi a percepção de que, além do conhecimento do conteúdo matemático, outros aspectos também eram importantes e necessários aos profissionais que iriam desempenhar a função de educadores matemáticos. Assinale a opção que contenha elementos desses aspectos:
   a) Além da matemática, era interessante que os professores também soubessem física, devido ao bom campo de aplicações que esta proporcionava à matemática.
   b) Os matemáticos começaram a trabalhar com biomatemática, tornando-se a biologia um campo de conhecimento fundamental a quem se enveredasse pela Educação Matemática.
   c) Ter conhecimentos de história era essencial para que o educador matemático conseguisse desenvolver bem o seu trabalho, especialmente após o surgimento do conceito de obstáculos epistemológicos, criado por Gaston Bachelard.
   d) A percepção de aspectos sociais, antropológicos, linguísticos e também psicológicos seria extremamente relevante para a melhoria da aprendizagem da Matemática.

6. Houve uma movimentação nas propostas curriculares para o ensino de Matemática, principalmente a partir da década de 1980, em vários países do mundo, trazendo alguns objetivos, no mínimo diferentes, para tal atividade. Das alternativas a seguir, assinale apenas a que **não** se alinha com esses objetivos:
   a) O aluno deveria participar mais ativamente do processo de construção do seu conhecimento.
   b) Os livros didáticos deveriam conter maiores quantidades e repetições de exercícios para treinarem determinados algoritmos após a formalização dos conceitos que o professor desenvolvia em uma explicação.

c) Deveria haver um direcionamento do ensino à formação de cidadãos e não apenas à preparação para estudos posteriores.

d) Deveria ser dada uma maior importância à resolução de problemas, a qual deveria constituir-se no fio condutor dos programas escolares, especialmente na Matemática.

7. Assinale V para as sentenças que entender como verdadeiras e F para aquelas que acreditar serem falsas:

( ) Quando os PCN afirmam que a matemática é "a ciência que estuda todas as possíveis relações e interdependências quantitativas entre grandezas, comportando um vasto campo de teorias, modelos e procedimentos de análise, metodologias próprias de pesquisa, formas de coletar e interpretar dados", podemos inferir que a matemática é uma ciência, e o seu ensino deve seguir os mesmos rumos que a própria ciência, mantendo-se em um patamar com metodologias próprias e avaliações quantitativas.

( ) Um indivíduo, para ser considerado um matemático, precisa saber tudo o que na matemática está sistematizado, inclusive todos os novos teoremas que são desenvolvidos a cada ano.

( ) A ideia de trabalhar com problemas advindos da prática era conhecida dos babilônios e dos egípcios antes da fase grega de desenvolvimento da matemática.

( ) Em um determinado momento histórico, a música era considerada uma subárea da matemática.

( ) A partir da década de 1980, sugiram novas orientações nas propostas curriculares em diversos lugares no mundo e, dentre essas novas orientações, uma visava o direcionamento do ensino fundamental para a aquisição de competências básicas necessárias ao cidadão e não apenas voltadas para a preparação de estudos posteriores.

Atividades de Aprendizagem

Questões para Reflexão

1. Pensando no processo histórico de desenvolvimento do conhecimento relacionado à Educação Matemática, buscando elementos no próprio texto do Capítulo 1, tente encontrar alguns elementos que mostrem a persistência de alguns aspectos negativos ainda hoje no que se refere ao contexto educacional.

2. Ao ler o apanhado histórico que apresentamos neste capítulo, você consegue perceber alguma diferença entre a atividade do matemático e a atividade do professor de Matemática? Quais são as interferências dessa diferença em sala de aula?

Atividade Aplicada: Prática

Descreva uma atividade que você desenvolve, já desenvolveu com seus alunos ou imagina poder desenvolver e que acredita ser inovadora em relação à prática pedagógica vigente em meados do século XX.

$$\frac{-b \pm \sqrt{b^2 - 4ac}}{2a}$$

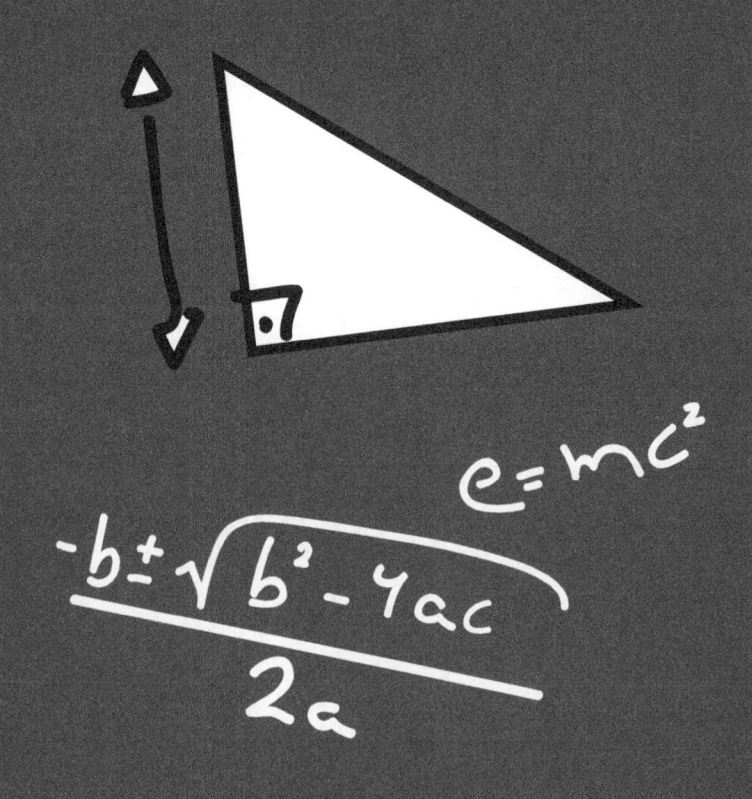

$e = mc^2$

Capítulo 2

Discutiremos neste capítulo, ainda que de forma sucinta, as principais tendências metodológicas em Educação Matemática e descreveremos algumas atividades para exemplificá-las. Essas tendências têm sido apontadas como caminhos para se "fazer" matemática em sala de aula e oferecem subsídios e alternativas para tal.

Esclarecemos ainda que, embora possua um significado mais abrangente, neste texto, a expressão *tendências metodológicas em Educação Matemática* refere-se às possibilidades ou alternativas metodológicas para o ensino da Matemática.

Tendências metodológicas em Educação Matemática

Desde que surgiu como campo de conhecimento, segundo Kilpatrick (1996), a matemática tem sido ensinada, o que torna a Educação Matemática uma atividade bastante antiga, com mais de 5.000 anos de existência.

Pode-se observar as dificuldades apresentadas por alunos quanto à aprendizagem da Matemática de diversas formas. Um exemplo simples disso pode ser notado nos conselhos de classe nas escolas, quando o professor de Matemática apresenta uma lista de "notas vermelhas" mais numerosa que a dos demais professores. Provavelmente você, que lê este livro neste instante, passa ou já passou por problemas como esse ou conhece alguém que lida com essa situação.

D'Ambrosio (1993, p. 7) afirma que "a Matemática é a única disciplina escolar que é ensinada aproximadamente da mesma maneira e com o mesmo conteúdo para todas as crianças do mundo", o que nos deixa um pouco apreensivos, por entendermos que as histórias de vida das pessoas não são todas semelhantes. Uma criança que vive na Inglaterra certamente não tem os mesmos costumes ou a mesma forma de encarar o mundo que uma criança da região da Amazônia. Indo um pouco além, podemos afirmar que uma criança da região amazônica vive em um contexto bastante diferente de uma criança que vive no sertão nordestino ou em uma cidade fria da serra gaúcha.

Obviamente, tamanhas diferenças nos fazem notar que a forma como se ensina Matemática ainda hoje, na maioria das nossas escolas, nem sempre é compatível com o contexto cultural em que estas se inserem, além de não atender às verdadeiras necessidades dos alunos. Utilizamos, em grande número, modelos importados de ensino, que possuem pouco ou nenhum significado para os nossos estudantes. Além de serem desenvolvidos para contextos diferentes, também o são para épocas muito diferentes. Vivemos em um mundo diferente hoje. O desenvolvimento científico e tecnológico há muito passou a alcançar novos horizontes, a exemplo de algumas tribos indígenas cujos membros utilizam computadores e até aviões.

Pensando dessa forma, com o passar dos anos, professores de diversos níveis de ensino têm se preocupado em buscar novos modos de favorecer o ensino e a aprendizagem da Matemática. Muitas dessas práticas vêm sendo desenvolvidas no Brasil, especialmente a partir do início da década de 1970.

Por meio do intercâmbio com educadores matemáticos do exterior, surgiram alguns pesquisadores brasileiros em Educação Matemática, o que deu força a esse movimento e originou alguns grupos de estudo e trabalho em Educação Matemática, conforme esclarecem Fiorentini e Lorenzato (2006, p. 20). Esses grupos de estudo foram delineando o que chamamos de *tendências em Educação Matemática*.

Com a popularização da escola, impulsionada pela democratização do ensino, no século XX, e pelo gradual aumento de matrículas nas escolas, os problemas relacionados à docência da Matemática ganharam volume. Felizmente, tais problemas, ao se mostrarem mais patentes, também despertaram em alguns professores a necessidade de buscar possíveis formas para minimizar os seus efeitos.

De uma forma ou de outra, esses grupos de estudo, originados a partir da segunda metade dos anos 1970, deram impulso para o surgimento de algumas das tendências que têm se mostrado importantes nesse processo que busca melhorar qualitativamente o ensino e a aprendizagem de Matemática.

Algumas das tendências metodológicas em Educação Matemática, pesquisadas e relatadas em artigos científicos, livros, teses e dissertações, são:

~ resolução de problemas;
~ modelagem matemática;
~ etnomatemática;
~ história da matemática;
~ tecnologias da informação e comunicação;
~ jogos na Educação Matemática;
~ investigações matemáticas em sala de aula.

É interessante ressaltar que não há uma fronteira bem definida entre essas tendências. Por exemplo, ao trabalhar com jogos, inevitavelmente surgirá a necessidade de se resolver problemas. Assim, em muitas ocasiões, duas ou mais propostas são aplicadas ao mesmo tempo, mesclando-se ou complementando-se.

Nas próximas seções, destacaremos as tendências metodológicas da Educação Matemática e os seus respectivos exemplos de aplicação prática. As exemplificações têm o objetivo de levar o professor a refletir sobre as possibilidades metodológicas que ele já desenvolve e ainda contribuir para a incorporação de novas metodologias nas práticas de ensino de Matemática.

2.1 Resolução de problemas

É importante que levemos em consideração que, ao falarmos em resolver problemas, não estamos nos referindo aos "problemas" comumente encontrados nos livros didáticos, a exemplo de: "Marcelo possui 15 bolinhas de gude. Se ele ganha outras 10, quantas bolinhas ele terá ao todo?".

Ao trabalhar apenas com problemas semelhantes a este, não será estranho algum aluno questionar: "Professor, é de mais ou de menos?".

Esse é um exemplo de problema que, de tanto ser repetido, leva o aluno a desenvolver uma atitude mecânica na sua resolução. Ao invés de incentivar a compreensão do problema, a autonomia e a criatividade, faz com que ele procure algumas palavras-chave que indiquem o algoritmo (operação matemática) que deverá utilizar. No problema colocado, a expressão *ganha* induz o aluno a utilizar o algoritmo da adição, utilizando apenas um esquema predefinido e sem a necessidade de realmente "pensar" sobre a situação.

Assim, o que se deseja é que o aluno possa se exercitar, não apenas com problemas semelhantes a este, mas também com uma variedade maior de situações envolvendo problemas abertos, outros sem solução, alguns provenientes de situações reais etc.

Em outras palavras, o que se quer é um trabalho diferente do que é feito na maioria das aulas de Matemática: repetição excessiva e cansativa de atividades para exercitar algoritmos.

A resolução de problemas como ação didática, como provocadora do movimento de aquisição de saberes, requer a seleção de problemas que realmente exijam dos alunos alguma habilidade na busca de estratégias de resolução. As operações matemáticas ocorrerão por necessidade na busca pela solução apropriada.

Alguns pesquisadores, como Ekenstam e Greger (1983), afirmam que, ao resolver um problema, o aluno lança mão de habilidades como criatividade, poder de invenção e combinação, imaginação, poder de iniciativa, entre outras, e que essas habilidades não são comumente utilizadas no ensino e na aprendizagem padronizados pelo sistema escolar.

Um dos principais precursores dessa metodologia foi o matemático húngaro George Polya (1995), que a defendeu segundo alguns passos descritos no seu livro *A arte de resolver problemas*, publicado no Brasil em 1986. Esses passos podem ser entendidos da seguinte forma:

a. **Compreender o problema** – Essa primeira condição consiste em fazer um levantamento de dados existentes no problema, verificando se tais dados são suficientes para resolvê-lo. É o momento no qual se busca um entendimento ou familiarização em relação ao problema. A interpretação do problema e o consequente recolhimento dos dados, de forma organizada, contribuem para a resolução de problemas de modo correlato.

b. **Estabelecer um plano** – Após familiarizar-se com o problema, é preciso que se encontrem relações entre a incógnita e os dados levantados. Se essas relações não forem encontradas de imediato, é interessante recordar problemas semelhantes que, porventura, já tenham sido vistos ou resolvidos. Espera-se que, ao sair dessa fase, o aluno tenha em mente planos e imagine diferentes estratégias para resolver o problema. É importante salientar que nem todos os dados presentes no problema serão utilizados para a resposta final, que por vezes não será de única solução. Esse tipo de problema é conhecido como *problema aberto*.

c. **Executar o plano estabelecido** – É o momento em que, por meio da utilização de um ferramental matemático, que inclui algoritmos já reconhecidos, identificação de operadores matemáticos e estimativas, será desencadeada uma tentativa de relacionar os dados coletados com a solução do problema. Cálculos serão feitos e os registros devem ser organizados de tal forma que nenhum cálculo seja inútil; todo o desenvolvimento é importante para a solução do problema. Intuir e deduzir alguns padrões, por meio de analogias ou simples comparações, é de extrema importância na execução dos planos preestabelecidos. É importante buscar a verificação passo a passo desse processo, de forma a tentar minimizar equívocos.

d. Verificar o resultado – Este será o momento da validação do resultado encontrado. Além de verificar se tal resultado é coerente, verdadeiro, busca-se também analisar se é possível alcançá-lo de outras maneiras e se o desenvolvimento dessa resolução é aplicável a outras situações, em diferentes contextos. Dessa forma, espera-se que os alunos criem uma espécie de "banco de dados" de problemas. Assim, sempre que precisarem, farão a busca de problemas correlatos, ampliando a capacidade resolutiva e dedutiva, aprimorando a criatividade e desenvolvendo a autonomia.

Para exemplificar a metodologia ora abordada, vamos detalhar o desenvolvimento da resolução de um problema cujo enunciado apresentamos a seguir.

> Em uma área de 1 hectare, um agricultor colhe aproximadamente 12 sacos de 60 kg de feijão. Se ele fizer um plantio consorciado, na mesma área, intercalando milho e feijão, sua produção de feijão cai para cerca de 2/5 da anterior. Porém, dessa maneira, ele pode colher até 20 sacos de 60 kg de milho. Sabendo das cotações da tabela a seguir, diga qual dos dois modelos de plantio é mais vantajoso para o agricultor:

Cotação de preços para a venda de produtos agropecuários

Produto	Preço por quilo (Em R$)
Soja	0,45
Milho	0,32
Feijão	0,85
Arroz	0,50
Café arábica	4,00

Primeiramente, ressaltamos que é complicado para um aluno encontrar uma resposta satisfatória para o problema sem que tenha um comportamento investigativo durante o processo.

Vejamos a seguir como ficaria a resolução.

a) Compreendendo o problema

Como se trata de comparar quantidades para saber qual delas é a maior, é interessante que os dados sejam organizados lado a lado:

SITUAÇÃO A	SITUAÇÃO B
Área disponível para o plantio	
1 hectare	1 hectare
Possibilidade de colheita	
Feijão: 12 sacos de 60 kg	Feijão: 2/5 de 12 sacos de 60 kg
	Milho: 20 sacos de 60 kg
Preço por quilo	
Feijão: R$ 0,85	Feijão: R$ 0,85
	Milho: R$ 0,32

Observemos que existem dados na tabela de preços que não serão usados, ou seja, informações desnecessárias, que estão ali justamente para que o aluno passe a ter contato com esse tipo de situação e entenda que nem sempre os dados disponíveis são necessários.

Também ressaltamos que não se trata apenas de fazer cálculos e chegar a um número final. Após chegar a esse resultado numérico, ainda é necessário interpretá-lo, escolhendo qual dos modelos de plantio é mais vantajoso para o agricultor.

Notemos que ainda falamos em sacos de 60 kg e preços por quilo. Logo, esperamos que eles percebam que, ou terão que escrever a quantidade de feijão e milho em quilos, ou terão que descobrir quanto custa um saco do produto.

Esperamos também que o aluno entenda o que significa 2/5 de 12 sacos, para dar continuidade ao seu trabalho.

b) Estabelecendo um plano

Nesse passo, é importante possuir um nível de compreensão no qual já se percebe a necessidade de resolver duas situações dentro do problema, para que se possa comparar os resultados obtidos em cada uma das situações e, somente depois disso, encontrar o resultado final para o problema.

Aqui o aluno já deve compreender quando deverá usar cada algoritmo. É esperado também que ele tenha em mente uma forma para encontrar 2/5 de 12 sacos.

Desse modo, o plano consiste na identificação dos procedimentos e dos cálculos necessários para descobrir o quanto o agricultor poderá lucrar na situação A, assim como para saber o lucro na situação B.

c) Executando o plano estabelecido

Uma forma de resolver o problema seria a descrita a seguir:

Situação A: nessa situação, o agricultor poderá colher 12 sacos de 60 kg de feijão. Vamos calcular, considerando o preço por quilo de feijão, o quanto ele lucrará com as vendas:

12 sacos X 60 kg = 720 kg
720 kg X R$ 0,85 = R$ 612,00

Concluímos que, se o agricultor plantar apenas feijão, seu lucro final com a venda de todo o produto da colheita será de R$ 612,00.

Situação B: nessa situação, o agricultor poderá colher 2/5 de 12 sacos de 60 kg de feijão e 20 sacos de 60 kg de milho. Vamos calcular, considerando o preço por quilo de feijão e de milho, o quanto ele lucrará com as vendas:

Venda do feijão:
12 sacos X 5/2 = 4,8 sacos
4,8 sacos X 60 kg = 288 kg
288 kg X R$ 0,85 = R$ 244,80
Venda do milho:
20 sacos X 60 kg = 1.200 kg
1.200 kg X R$ 0,32 = R$ 384,00
R$ 244,80 (venda do feijão) + R$ 384,00 (milho) = R$ 628,80

Observamos que, se o agricultor plantar feijão e milho, seu lucro final com a venda de todo o produto da colheita será de R$ 628,80.

Após repassar os cálculos para evitar falhas, vamos às conclusões finais.

d) Verificando e validando o resultado

Nesse momento, analisamos a situação A e a situação B e chegamos a uma conclusão: no caso desse problema, o cultivo em consórcio é ligeiramente mais vantajoso que o cultivo solteiro.

Determinamos também qual é a quantia a mais que o agricultor poderá ganhar se fizer o cultivo de acordo com a situação B, conforme os seguintes cálculos:

R$ 628,80 – R$ 612,00 = R$ 16,80

Ainda devemos comparar as diferentes resoluções desenvolvidas pelos alunos e até pedir que tentem resolver o problema de uma outra forma, o que poderá ajudar a desfazer aos poucos a ideia de "única forma de fazer".

2.2 Modelagem Matemática

Muito se fala na diferença marcante que existe entre a matemática discutida nas escolas e aquela que permeia o cotidiano ou o mundo real extramatemático das pessoas. Parte da culpa do insucesso dos alunos nessa disciplina também é atribuída a essa dicotomia, afinal, quando dividimos a matemática em "duas" — uma popular e outra escolar —, deixamos de aproveitar elementos de uma para auxiliar no desenvolvimento da outra. A Modelagem Matemática foi proposta ao meio educacional como uma forma de aproximar essas "duas" matemáticas.

A Modelagem Matemática tem suas origens plantadas na matemática aplicada. Ela é utilizada entre os matemáticos aplicados como o principal processo para a obtenção de um modelo que expõe, em uma linguagem matemática, conjunto de símbolos e relações matemáticas, dos quais Biembengut e Hein (2003, p. 12) citam como exemplos: fórmulas matemáticas, gráficos, diagramas, representações geométricas, tabelas, programas computacionais, entre outros – e de forma aproximada, uma determinada situação proveniente da realidade. Segundo Bassanezi (2004, p. 31), "a modelagem eficiente permite fazer previsões, tomar decisões, explicar e entender; enfim, participar do mundo real com capacidade de influenciar em suas mudanças".

Além do uso da Modelagem Matemática, com sucesso, por exemplo, em áreas como a chamada *biomatemática*, também tem crescido sua utilização entre os educadores. Segundo Silveira (2007), desde 1976, quando a primeira dissertação que descrevia a utilização de modelos matemáticos com o objetivo de ensinar Matemática foi apresentada, outros 64 trabalhos acadêmicos de conclusão de mestrado e doutorado foram defendidos até o ano de 2005 nos programas de pós-graduação brasileiros. Diante dessa realidade, convém perguntar: como uma prática comum entre matemáticos profissionais pode ser utilizada no ensino e na aprendizagem de Matemática?

Alguns fatores são fundamentais para responder à questão colocada, sendo que alguns deles seriam:

- **Questionamento da realidade** – Para se formular um modelo matemático coerente com uma determinada situação proveniente do mundo real extramatemática, é preciso desenvolver uma metodologia na qual deve estar incluído o hábito do questionamento sobre aquela situação real. Isso normalmente implica envolvimento político e socioambiental, o que contribui para a formação da autonomia do indivíduo.
- **Fator motivacional** – É inegável, de acordo com os exemplos que temos observado, que a Modelagem Matemática confere uma nova dinâmica às aulas, tornando-as mais agradáveis para os alunos.
- **Fator da aprendizagem** – Ao lidar com situações comuns ao seu dia a dia, espera-se que o aluno faça algumas ligações entre a Matemática dos programas escolares e a matemática que existe imersa no seu mundo. Uma vez que essa relação seja feita, é provável que o aluno não se esqueça tão facilmente do conteúdo que foi desenvolvido, uma vez que esse conteúdo passou a ter significado para ele.

A Modelagem Matemática deve ser desenvolvida conforme alguns passos estabelecidos na área, mediante os quais, salvo algumas pequenas variações sugeridas por diferentes autores, normalmente se garante uma maior legitimidade ao modelo obtido no final do processo. Tais passos seriam:

a. **Escolha de uma temática** – É escolhido um tema, de preferência pelos alunos (é preferível que seja por consenso e não por votação), e são levantadas as informações possíveis sobre ele. Em alguns casos, a temática escolhida apresenta problemas comuns aos alunos. Por exemplo, quando decidem trabalhar com o transporte coletivo por entenderem que os ônibus normalmente atrasam alguns minutos ou que o preço da passagem está muito elevado. Sendo assim, basta que o professor incentive-os a formularem questões para investigar essa realidade. As discussões devem ser mediadas pelo docente objetivando que os alunos localizem possíveis questões para investigar a temática escolhida.

b. **Levantamento de dados** – A partir dos estudos da temática e da escolha do problema, passa-se, então, à coleta de dados. O máximo possível de dados é colhido e organizado, de forma a facilitar a sua interpretação.

c. **Formulação de hipóteses e simplificação do problema** – Algumas hipóteses são formuladas visando favorecer a identificação de soluções ao problema. Por outro lado, buscando simplificar o caso, eliminam-se algumas variáveis.

d. **Resolução do problema** – Por meio da utilização da Matemática estudada na escola, que já pode ser conhecida ou não pelos alunos, estes formulam um ou mais modelos matemáticos, para dar conta de resolver o problema proposto anteriormente. Como já citado, o resultado pode ser expresso de diversas formas.

e. **Validação do modelo proposto** – Depois de elaborado, o modelo precisa ser testado na situação real que foi o objeto da sua formulação e deve ser avaliado pelo aluno modelador. Se for considerado satisfatório, o processo é concluído. Caso contrário, o modelo deve voltar à fase anterior e ser abandonado ou modificado, até que seja aceito como satisfatório. Esse processo de volta e reelaboração não tem limite de repetições, devendo ser refeito quantas vezes for preciso até que se obtenha um modelo satisfatório.

A seguir, daremos um exemplo de uma situação em que atividades de Modelagem Matemática foram desenvolvidas com alunos do ensino fundamental.

Silveira e Jesus (2005) relatam o desenvolvimento de um trabalho de Modelagem Matemática com alunos de uma turma de 8ª série de uma escola estadual da cidade de Ouro Preto (MG), que contou com a duração de oito aulas (quatro dias). Expomos essa atividade de acordo com os passos propostos anteriormente:

a. **Escolha de uma temática** – Devido ao *boom* digital dos anos 2000, os alunos decidiram discutir sobre o tema *internet*, o qual lhes interessava não só porque o achavam "legal", mas porque era um tema com que gostariam de ter contato, além de representar uma tecnologia a que queriam ter acesso. O problema que os alunos estavam interessados em resolver era: "Qual é o custo para implantar e manter uma sala de informática com computadores conectados à internet, para tornar essa tecnologia acessível aos alunos na escola?".

b. **Levantamento de dados** – Depois de uma primeira discussão, na qual os professores explanaram sobre a internet e de que forma era possível manter mais de um computador acessando a grande rede ao mesmo tempo, foram então levantadas as necessidades de pesquisa sobre os vários elementos envolvidos para se conseguir o acesso à internet, inclusive os custos de todo o equipamento, além dos móveis, servidores, provedores e até os custos de manutenção.

c. **Formulação de hipóteses e simplificação do problema** – Os alunos concluíram que não seria necessário pagar um professor e um monitor para tomarem conta da sala de informática, por julgarem que essa tarefa seria uma obrigação do governo do estado. Eles ainda consideraram um tamanho médio de cada cabo para ligar a rede e não incluíram, nas despesas, possíveis melhoras nas instalações locais ou a perda de algum dos equipamentos no ato da instalação.

d. **Resolução do problema** – Os alunos organizaram tabelas com preços de equipamentos e fizeram comparações. Após isso, elaboraram duas funções de 1º grau, sendo uma delas para calcular os custos de implantação do projeto, que variaria de acordo com o número de computadores na rede, apresentada a seguir:

T = Di + C · 1.681,00

Em que:

Di – despesa inicial; corresponde a um número constante, resultado da soma de preço dos periféricos (*scanner*, impressora e *modem*);

C – número de computadores na rede;

T – total do custo em reais;

1.681,00 – preço de um computador.

A outra função teve o intuito de auxiliar nos cálculos de quanto seria o custo mensal para manter a sala de informática em funcionamento na escola, como mostramos a seguir:

Cp = Df + S

Em que:

Cp – custo permanente; é o custo mensal para manter a sala de informática funcionando;

Df – custo fixo mensal (técnico e provedor); não depende do número de computadores na rede, chamamos de *despesa fixa*: R$ 300,00 (técnico de manutenção) + R$ 19,00 (provedor) = R$ 319,00;

S – serviço de banda larga; varia de acordo com o número de computadores na rede: se a rede tiver até 5 micros, a velocidade da conexão será de 300 kbps – R$ 130,00; se a rede tiver entre 6 e 10 micros, a velocidade da conexão será de 600 kbps – R$ 199,00; se a rede tiver mais de 10 micros, a velocidade da conexão será de 1.000 kbps – R$ 299,00.

e. **Validação dos modelos propostos** – Os modelos propostos pelos alunos foram testados para várias quantidades de computadores e, ao final, foram aprovados.

No final do processo, Silveira e Jesus relataram que os alunos passaram a questionar a sua realidade ao se sentirem excluídos do mundo digital, já que a maioria deles não possuía um computador em casa e muito menos internet. A melhor solução que os alunos encontraram mostrou que o cooperativismo seria a melhor forma para vencer esse problema ao proporem uma sala de internet na escola, onde todos os alunos teriam a oportunidade de acessar a rede. Os autores também mencionam que, considerando que a turma não era muito interessada nas atividades escolares de Matemática, houve uma evolução no sentido de participação nas aulas. O fato de estudarem assuntos do seu interesse funcionou como motivador para as discussões matemáticas.

Finalmente, podemos dizer que esse trabalho gerou um significado para os tópicos matemáticos discutidos nas atividades de Modelagem Matemática. Os alunos puderam perceber como o conceito de função de 1º grau pode estar presente na vida das pessoas, mesmo que elas não se deem conta disso.

2.3 Etnomatemática

D'Ambrosio (2007), um dos principais pesquisadores e defensores da etnomatemática no mundo, formula uma explicação do ponto de vista etimológico dessa expressão: "há várias maneiras, técnicas, habilidades (ticas) de explicar, de entender, de lidar e de conviver com (matema) distintos contextos naturais e socioeconômicos da realidade (etnos)".

Devemos considerar que, à medida que os povos encontraram (e encontram) desafios ou situações problemáticas advindas do seu meio sociocultural, durante o decorrer da sua história, eles também geraram (e geram) algum conhecimento, e este está sempre voltado ao seu contexto. Esse é um dos argumentos que garantem legitimidade ao programa de etnomatemática.

D'Ambrosio (2007) ainda fala da necessidade de preservação da diversidade cultural, por acreditar que nela reside o potencial criativo da humanidade.

É importante salientar que, segundo D'Ambrosio, embora a etnomatemática privilegie o pensamento qualitativo do indivíduo, ela não deve substituir a matemática acadêmica, pois esta é extremamente necessária para a sobrevivência do indivíduo na sociedade atual; basta verificar a necessidade de se conhecer a matemática que rege as transações comerciais.

A importância de um enfoque etnomatemático nos sistemas educacionais está justamente na valorização dos conhecimentos prévios do aluno, muitas vezes "recheados" de possibilidades que servem de base para a construção do conhecimento formalizado.

Primeiramente, é importante que o professor, por meio da observação e do questionamento, descubra o que o aluno traz nessa bagagem e o que pode ser utilizado em favor da sua aprendizagem na escola. Feito isso, é necessário ao professor perceber as relações que existem entre esses elementos prévios e o conteúdo a ser trabalhado na escola, buscando correlações que possam favorecer o processo formal de aprendizagem.

A seguir, citamos um exemplo que mostra como o contexto cultural do aluno pode ser importante no momento da formalização de um conceito matemático.

> No fim do ano de 1986, enquanto muitos dos meus colegas saíam de férias, já aprovados para a 7ª série, eu (Everaldo), com 13 anos na época, preparava-me para dar aos meus pais a triste notícia de que havia ficado para a recuperação em Matemática. Foi a primeira e única vez que tal evento aconteceu na minha vida. Mas por que aconteceu?
> Minha professora de Matemática detectou um problema que eu escondia desde o primário: eu não sabia fazer uma conta de divisão. Não saber dividir um número por outro me prejudicava na hora de resolver as equações do primeiro grau. E o

erro estava sempre no mesmo lugar. Quando chegava ao $13x = 273$, eu não conseguia descobrir o valor de x, porque não sabia dividir 273 por 13.

Por outro lado, cresci na zona rural, em uma região na qual o café era (e ainda é) a moeda. A microrregião do Caparão, no Espírito Santo, encontrava-se (e ainda se encontra) completamente tomada pela monocultura do café, e a maioria das crianças da zona rural, e muitas outras da zona urbana, viviam envolvidas nos assuntos e atividades que cercam esse tipo de cultivo.

Lembro-me de que conseguia, desde os 9, 10 anos de idade, calcular aproximadamente quantas sacas* de café colheríamos naquele ano quando começávamos a derriçar os grãos.

Ora, para fazer uma previsão desse tipo, eram precisos muitos cálculos, que na 3^a ou 4ª série eu já conseguia desenvolver, sem algoritmo.

Para tal, lançava mão de alguns números que conhecia, como, por exemplo:

~ Nossa lavoura tinha cerca de 5.000 pés de café.

~ Cada 5 balaios** de café maduro rendem, aproximadamente, 3 balaios de café seco, prontos para pilar.

~ Cada 4 balaios de café seco rendem, aproximadamente, 1 saca de café pilado.

---

* Uma saca de café pesa 60 kg, sendo que o produto, nesse estágio, já foi "pilado", isto é, está livre da casca e pronto para a torrefação.

** É um cesto feito de taquara (semelhante a bambu, porém mais maleável), com capacidade para 60 litros, no qual é colocado o café que vai sendo colhido dos arbustos.

Vou detalhar, com alguns dados recriados, como eu fazia uma previsão da colheita no primeiro dia de safra.

Colhemos, nesse dia, 30 balaios de café. Então, eu contei quantos pés de café havíamos derriçado e, com isso, descobri quantos deles, em média, eram necessários para completar um balaio. Como tínhamos 5.000 pés de café, eu fazia alguns cálculos e descobria uma aproximação do tamanho da colheita. Vejamos como eu fazia isso.

Se no primeiro dia derriçamos 120 pés de café e, com isso, conseguimos 30 balaios do produto, eu percebia logo que 4 pés de café estavam enchendo um balaio.

Aqui eu começava uma série de contas:

~ 4 pés de café _____ 1 balaio
~ 40 pés de café _____ 10 balaios
~ 400 pés de café _____ 100 balaios
~ 4.000 pés de café _____ 1.000 balaios

Como a lavoura tinha 5.000 pés de café, então eu precisava saber quantos balaios eram colhidos em 1.000 pés de café, para somar à quantidade colhida nos 4.000 pés já computados. Então eu fazia assim:

~ Se 4.000 pés produzem 1.000 balaios, 2.000 pés, metade de 4.000, produzirão a metade do café, ou seja, 500 balaios.

~ Se 2.000 pés produzem 500 balaios, 1.000 pés produzirão 250 balaios.

~ Depois, era só somar a produção de 1.000 balaios de café produzidos em 4.000 pés com 250 balaios produzidos em mais 1.000, resultando em um número aproximado do total da colheita: cerca de 1.250 balaios de café.

Outros cálculos similares a esses eram feitos para descobrir

quantos balaios de café seco teríamos após a secagem:
- ~ 5 balaios de café maduro _____ 3 balaios de café seco
- ~ 10 balaios de café maduro _____ 6 balaios de café seco
- ~ 50 balaios de café maduro _____ 30 balaios de café seco
- ~ 100 balaios de café maduro _____ 60 balaios de café seco
- ~ 1.000 balaios de café maduro _____ 600 balaios de café seco

Com esses valores, eu compunha a quantidade que respondia a minha questão, ou seja, 750 balaios de café.

Com isso, sabendo que a cada 4 balaios de café seco era possível compor 1 saca de café pilado, fazia novos cálculos sob o mesmo modelo e descobria o tamanho da colheita na unidade *sacas* de café. Nesse exemplo, seriam aproximadamente 187,5 sacas.

Podemos notar que, com aproximadamente 10 anos de idade, na 4ª série, já conseguia fazer alguns cálculos que poderiam ser simplificados com o algoritmo da divisão; porém, não conseguia correlacionar, de forma alguma, os cálculos feitos em casa ou na lavoura com os que estavam sendo apresentados na escola.

Se as professoras tivessem percebido a possibilidade de utilizar uma situação semelhante à do cotidiano, é provável que obtivessem êxito na sua prática pedagógica. Muitos dos colegas da escola estavam envolvidos naquele mesmo contexto e poderiam discutir, com certa propriedade e liberdade, assuntos relacionados à cultura do café.

Esse foi um exemplo de como os alunos possuem um elevado número de experiências provenientes de situações cotidianas e que fazem sentido para eles. Observando isso, podemos dizer que professores pesquisadores da sua prática têm maiores possibilidades de perceber os problemas de aprendizagem de alguns alunos e de buscar novas formas de abordagem para que estes consigam abstrair determinados conceitos matemáticos.

2.4 História da matemática

A história da matemática oferece a importante possibilidade de uma maior compreensão da evolução de conceitos matemáticos em sala de aula, por meio de estudos da construção histórica deles. Nesse sentido, Vianna (1999, p. 1) acredita que a utilização da história da matemática na sala de aula seja importante para "mostrar que os conceitos, notações e teorias levaram tempo para se estabelecer". O mesmo autor, porém, alerta para a possibilidade de equívocos em afirmações como: "o indivíduo A ou B inventou tal notação matemática" e deixa claro que não concorda com essa didática empregada para tratar da história da matemática. Nesse sentido, apontamos aqui possibilidades de se trabalhar com a história na Educação Matemática, as quais se afastam muito da prática de apenas se explorar nomes, datas e episódios históricos, desligados do processo de aprendizagem dos conceitos matemáticos.

Vejamos um exemplo que demonstra a importância de o professor conhecer bem a história da matemática e também de utilizá-la nas suas aulas.

Relembrando a história dos sistemas numéricos, podemos perceber que a aceitação dos números negativos não foi uma tarefa fácil. Houve um intervalo de tempo de aproximadamente 700 anos para que fossem totalmente aceitos. Esse processo caracteriza o que o filósofo Gaston Bachelard (1977) denominou de *obstáculo epistemológico*. Ou seja, houve obstáculo em se aceitar o novo conhecimento.

Para o professor, interessa saber que o que se configurou em um obstáculo epistemológico, em um dado momento histórico, pode tornar-se em sala de aula em um obstáculo didático. Por exemplo, é comum muitos professores das séries iniciais afirmarem aos alunos que a operação

3 − 5 não existe; porém, normalmente não esclarecem que não existe apenas no conjunto dos números naturais e que em conjuntos numéricos mais abrangentes, tal operação é perfeitamente possível. Os alunos, por acreditarem nessa afirmação, têm muitas dificuldades para lidar com tal situação ao se depararem com o conjunto dos números inteiros na 6ª série. A crença dos alunos pode se constituir em um obstáculo na aceitação de que 3 − 5 = − 2. Por outro lado, é perfeitamente aceitável a ideia de que, se alguém tem 3 balas e prometeu dar 5 balas a um amigo, então faltam 2 balas para cumprir o prometido. Essa ideia pode ser aplicada desde muito cedo às crianças, e é um aspecto ligado ao conceito de número negativo.

Conhecer e levar em consideração o desenvolvimento histórico de um conceito pode auxiliar o trabalho em sala de aula, pois em muitos momentos o aluno poderá passar por dificuldades semelhantes àquelas por que passaram os matemáticos. O exemplo anterior explora isso. Ele também coloca em destaque que o desenvolvimento da matemática não ocorreu de modo perfeitamente encadeado e lógico como, supostamente, o conteúdo é apresentado em sala de aula, mas, sim, que houve êxitos e retrocessos, acertos, frustrações e recomeços. Reconhecer isso na prática docente é de grande importância quando se deseja valorizar o processo cognitivo e social do pensamento do aluno.

Essa forma de tratar a história da matemática no processo de ensino e aprendizagem requer que, partindo do conhecimento tratado, se problematize pontos em que, normalmente, ocorrem conflitos cognitivos. Essa problematização poderá gerar questionamentos que, se devidamente orientados pelo professor, permitirão que a matemática escolar seja tratada de forma mais clara, coerente e interessante para o aluno.

2.5 Utilização de tecnologias da informação e comunicação

Referimo-nos às tecnologias da informação e comunicação como sendo equipamentos eletrônicos e digitais com capacidade de armazenar, processar e distribuir informações. Os mais conhecidos são o rádio e outros equipamentos geradores de som, como os MP3 ou MP4 *players*, a televisão e seus componentes, os computadores, as máquinas fotográficas, especialmente as digitais, os telefones fixos ou móveis e as calculadoras.

Segundo os PCN (Brasil, 1997, p. 34), "as técnicas, em suas diferentes formas e usos, constituem um dos principais agentes de transformação da sociedade, pelas implicações que exercem no cotidiano das pessoas". O fato de as tecnologias serem consideradas como agentes transformadores da sociedade já lhes dão um respaldo significativo para figurarem no meio educacional. Porém, há outros fatores positivos que pesam a favor dessa tendência. O poder de experimentação imediata é um deles. Ele oferece ao aluno inúmeras possibilidades e agilidade para incontáveis situações matemáticas, envolvendo tarefas que antes eram inviáveis. A exemplo, podemos citar algumas situações.

Imaginemos uma visita a uma usina de reciclagem de lixo pelos alunos. O professor ou um ajudante filma toda a visita de forma que os alunos possam rever as explicações e aproveitar mais da visita. Em seguida, o vídeo é disponibilizado para os alunos em fita ou formato digital, podendo ser gravado em CD, DVD ou em um disco removível (*pen drive*) para que eles possam analisá-lo nas próprias dependências da escola ou onde preferirem.

Outro exemplo está relacionado ao uso das calculadoras que, além de darem a oportunidade aos alunos de, após fazerem algumas atividades algorítmicas, poderem conferir os seus resultados, também oferecem outras possibilidades. Vamos conferir a seguinte situação:

O professor pede aos alunos que escrevam nos seus cadernos a sequência de teclas que deve ser utilizada para resolver a seguinte expressão: 2 x 3 – 3 x 7 + 4 x 6. Certamente haverá respostas diferentes, afinal, há operações preferenciais na expressão. Isso, devidamente problematizado, provocará uma série de discussões entre os alunos sobre a origem dessas diferenças. Nesse caso, não buscamos simplesmente uma resposta para uma expressão, mas, sim, discutir possibilidades de encaminhamento, afinal, o professor poderá questionar aos alunos sobre os porquês dos erros na resposta da expressão.

Como podemos perceber, a calculadora pode ser utilizada de forma a ser um elemento problematizador, e não simplesmente para eliminar trabalho braçal ou conferir resultados.

Como último exemplo, imaginemos outra situação:

Uma turma de alunos pesquisou 240 colegas para saber qual é o prato preferido deles. Os alunos organizaram uma tabela para facilitar a organização dos dados, utilizando *softwares* semelhantes ao *Microsoft Excel* e ao *Microsoft Word*. Ao final, eles constataram que os 240 estudantes indagados têm preferências distribuídas em 17 tipos de comidas. O professor sugeriu que os alunos demonstrassem esses dados em um gráfico, porém, para ganhar dinamismo e poderem escolher por comparação o melhor tipo de gráfico, o professor também sugeriu que eles experimentassem construir diversos tipos deles no computador, utilizando os *softwares Microsoft Word* ou *Microsoft Excel*. Daqui em diante, o professor passou a instruir os alunos na utilização dos *softwares* e, dentro de poucos minutos, alguns alunos da turma já conseguiam esboçar suas primeiras construções.

Desenhar gráficos, especialmente quando eles possuem muitos dados a serem comparados, pode ser trabalhoso e demorado. No caso da atividade anterior, seria bastante difícil para os alunos montar dois ou três tipos diferentes de gráficos. Esse é um exemplo de como a utilização de computadores em atividades escolares pode facilitar o processo de entendimento do aluno acerca do significado de diversos conteúdos matemáticos.

A dinâmica da comparação imediata vem ao encontro do desejo da criança de ver, aqui e agora, o acontecimento.

2.6 Utilização de jogos na Educação Matemática

Os PCN apresentam alguns argumentos favoráveis à utilização de jogos na Educação Matemática, afirmando que eles

> *constituem uma forma interessante de propor problemas, pois permitem que estes sejam apresentados de modo atrativo e favorecem a criatividade na elaboração de estratégias de resolução de problemas e busca de soluções. Propiciam a simulação de situações-problema que exigem soluções vivas e imediatas, o que estimula o planejamento das ações.*
> (Brasil, 1997, p. 46)

O jogo tem a capacidade de resgatar o aspecto lúdico, abrindo espaço para o aperfeiçoamento e a formação de um sujeito ativo, que tem a capacidade de tomar decisões perante determinadas situações e é capaz de, em conjunto com outros colegas, criar regras, aperfeiçoá-las, discuti-las e respeitá-las durante o andamento da diversão.

Outro aspecto diz respeito à importância dos jogos no sentido de oferecer uma opção aos aspectos formal, denso e, por muitas vezes, enfadonho, que o ensino de tal disciplina assume. O prazer passa a fazer parte do ambiente, trazendo a sensação de bem-estar e ajudando a vencer as tensões causadas pelos temores que os alunos têm, relacionados à formalidade e ao rigor matemáticos, além do tédio diante da estática que quase sempre impera nessa disciplina.

Além disso, como afirma Grando (2004, p. 21), ao jogar, o aluno exercita "sua capacidade de elaborar estratégias, previsões, exceções e análise de possibilidades acerca da situação de jogo", perfazendo um caminho que conduz à abstração.

Ainda entendemos que os jogos são importantes por oferecerem a oportunidade da investigação, pois o jogar é rico em situações em que os erros são repensados e novas possibilidades são exploradas de forma amena e sem a responsabilidade que algum desses erros assumiria em outros contextos escolares (como durante uma prova, por exemplo). Isso permite que o aluno exercite livremente seu raciocínio, algo indispensável para a aprendizagem.

É importante ressaltar que, embora haja muitos aspectos positivos ao trabalhar com jogos, o professor deve ficar atento aos aspectos competitivos e com possíveis mensagens que podem ser veiculadas.

A competição sadia é importante, e mais importante é estar sempre resgatando o companheirismo e a cooperação. Porém, há casos em que a competição se torna desgovernada e provocativa. Esta deve ser banida do âmbito educacional, pois, ao mesmo tempo em que pode favorecer o desenvolvimento de alguns, poderá danificar a formação de um futuro cidadão.

Há outras situações, como as evidenciadas em jogos cujo objetivo do jogador é acumular ganhos financeiros, como é o caso do Banco Imobiliário, que acabam agindo de forma inversa ao que se pretende com a Educação Matemática. Nesses casos, padrões de ética são comprometidos, pois há momentos, por exemplo, em que, para pagar um aluguel, um jogador é obrigado a entregar um imóvel por um preço menor do que ele vale, devido às suas necessidades financeiras. Às vezes um imóvel é colocado à venda, mas, devido às dificuldades financeiras do dono do imóvel, os demais jogadores oferecem pequenos valores imaginando que, pelo fato de o outro jogador estar "desesperado", ele será obrigado a aceitar. Ao defender o capitalismo selvagem, tal jogo pode contribuir para a formação de um indivíduo que visa, em qualquer situação, ao lucro acima de tudo. Explorar essas questões com os alunos é fundamental. É necessário permitir que eles exponham suas ideias e as contraponham às de seus colegas. Comparar as diferentes possibilidades e perceber que sempre é possível e preferível uma solução que permita a ambas as partes saírem satisfeitas, é algo fundamental para uma boa convivência em sociedade.

Uma forma simples de exemplificar esse inacabável mundo de possibilidades seria por meio da construção de uma roleta para discutir com os alunos do ensino fundamental a introdução às probabilidades. Vejamos como poderia ser essa roleta:

Figura 1 – Atividade: roleta

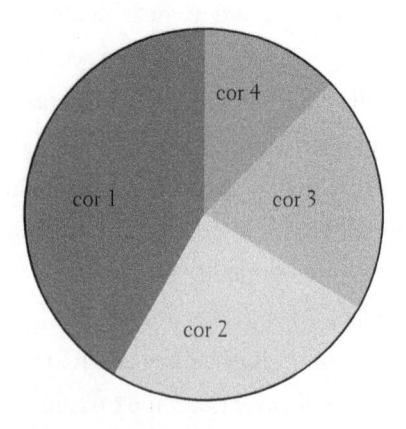

No centro do tabuleiro, coloca-se um prego pequeno prendendo um clipe, que fica livre para girar com um toque de dedo. Cada aluno faz a sua aposta em uma cor e gira-se o clipe. Ele vai parar sobre uma das cores, a qual indicará quem ganhou.

Chega então o momento de questionar os alunos, que provavelmente vão apostar sempre na cor 1 e na cor 2, porque não escolheram a cor 4, por exemplo.

Eles, intuitivamente, acabam por dizer que as possibilidades de o clipe parar na cor 1 ou 2 são maiores, por ocuparem um espaço maior no tabuleiro, enquanto as cores 3 e 4 ocupam um espaço menor.

O professor pode então, com os alunos, fazer um levantamento do número de vezes que o clipe parou em cada cor, escrevendo esses valores em formas percentuais. Pode pedir aos alunos que calculem que percentual representa cada cor no tabuleiro, para que eles comparem os percentuais provenientes das jogadas com os percentuais das cores, para ver se eles se aproximam ou se distanciam.

Há diversas outras possibilidades para o encaminhamento dessa atividade; aqui mostramos apenas uma delas.

2.7 As investigações matemáticas em sala de aula

Ao investigar, o aluno essencialmente faz matemática, pois ele precisa encontrar uma estratégia para resolver a situação-problema proposta pelo professor.

No contexto de sala de aula, investigar auxilia no desenvolvimento de uma série de habilidades que se assemelham àquelas habilidades comuns aos matemáticos, pois os alunos precisam testar suas proposições e provar suas conjecturas. Eles são levados a pensar matematicamente e a utilizar muito a sua capacidade criativa.

Nesse tipo de atividade, os enunciados dos exercícios não dizem exatamente o que o aluno deve fazer, deixando espaço para que ele próprio decida os caminhos a seguir. Para que isso aconteça, o professor encaminha, instiga, questiona, propõe comparações entre as descobertas, de modo que o trabalho em sala ganhe em significado para os alunos.

Ao fim da atividade, são necessárias a troca de impressões e a comparação entre as soluções dos alunos, além da realização da formalização dos conceitos matemáticos envolvidos.

Apresentamos, a seguir, um exemplo que mostra uma atividade de investigação matemática desenvolvida pelos alunos.

> Observando o desenho a seguir, você pode perceber a formação de algumas sequências numéricas. Descubra quais são as relações existentes entre os números que as formam e descreva como essas sequências são formadas. Não se esqueça de registrar suas conclusões.

[Figura: triângulos encaixados com os números 16, 12, 16 no triângulo externo; 8, 6, 8 no seguinte; 4, 3, 4 no próximo; e 2, 2, 2 no interno.]

Essa é uma atividade que o professor pode explorar de diversas formas. Quando falamos em sequências, não nos referimos apenas à sequência 2, 2, 3, 4, 4, 6, 8, 8, 12, 16, 16, ..., mas também a outras, como o crescimento de cada lado, pelo qual os números vão dobrando de tamanho entre um segmento de reta e outro segmento paralelo que vem logo adiante, entre outras possibilidades.

Se o professor quiser desenvolver essa atividade de investigação com alunos do 3º e 4º ciclos do ensino fundamental ou com alunos do ensino médio, pode diminuir ou aumentar o grau de complexidade do que é pedido, podendo, por exemplo, incentivar os alunos a escrever regras que determinem o comprimento do próximo segmento.

Síntese

Neste capítulo, apresentamos algumas das tendências metodológicas em Educação Matemática, quais sejam: modelagem matemática, metodologia da resolução de problemas, etnomatemática, história da matemática, utilização de tecnologias da informação e comunicação, jogos e investigações matemáticas em sala de aula. Descrevemos cada uma dessas tendências, buscando esclarecer da forma minimamente necessária, para que se tenha noção do que são e como se podem desenvolver atividades ligadas a cada uma delas.

Indicações culturais

DONALD no país da matemágica. Walt Disney, Fábulas Disney n. 3, EUA, 1959. 27 min.

Pato Donald se aventura por um mundo da fantasia, no qual as árvores têm raízes quadradas e os rios estão repletos de números.

ARTE e matemática. TV Escola, direção de Sérgio Zeigler. São Paulo, MEC, 2006 (Coleção).

É uma série de quatro vídeos que abordam a relação entre arte e matemática.

Atividades de Autoavaliação

Nas questões de 1 a 6, marque a alternativa que melhor responde cada questão.

1. Leia o texto a seguir:
"Desde que surgiu como campo de conhecimento, a Matemática tem sido ensinada, o que torna a Educação Matemática uma atividade bastante antiga".
Com base em Kilpatrick (1996), o sentido atribuído à expressão *Educação Matemática* busca representar:
   a) o desenvolvimento de pesquisas em matemática.
   b) o desenvolvimento de investigações em matemática.
   c) o desenvolvimento da matemática como campo de conhecimento.
   d) o desenvolvimento de ações que visam ao ensino de Matemática.

2. Um programa para o ensino de Matemática nacionalizado, ou seja, válido para todo o país, ao ser construído, provavelmente toma como base, no máximo, algumas localidades diferentes.
Qual das sentenças a seguir **não** está de acordo com essa afirmação?
   a) A matemática, por ser considerada uma linguagem universal, pode ser retratada em livros didáticos, que, por sua vez, são usados, com significado, em qualquer localidade do país.
   b) A matemática desenvolvida e ensinada em tribos indígenas tem um significado especial para os próprios indígenas, mas certamente não será de grande valia em uma comunidade da grande São Paulo.
   c) Na Educação Matemática de alunos em escolas de comunidades insulares, normalmente, utilizam-se os mesmos modelos de ensino de comunidades continentais. Os exercícios aplicados, na grande maioria, relacionam-se a contextos urbanos de grandes cidades, e tais situações não condizem com a realidade local.

d) Os processos de ensino e aprendizagem de Matemática são prejudicados quando se tem um mesmo modelo de ensino para lugares diferentes.

3. "Os alunos chegaram à escola indignados, afinal, depois de um dia inteiro de trabalho, eles se viram obrigados a ir à escola sem tomar banho, pois, devido à escassez de chuvas naquele período, as caixas d'água de suas residências estavam secas. O professor de Matemática, percebendo que o assunto era muito comentado e de interesse geral da turma, propôs aos alunos fazerem juntos um estudo aprofundado sobre os problemas causados pela seca, além dos problemas causadores da seca."

A descrição anterior mostra uma situação na qual o professor se aproveita do interesse dos alunos em discutir um dado assunto para desenvolver matemática. Se os alunos decidirem aceitar a proposta do professor, eles estarão fazendo um estudo que se aproximaria da tendência:

a) pedagógica da resolução de problemas.
b) histórica da matemática.
c) da modelagem matemática.
d) da etnomatemática.

4. Em uma escola improvisada em uma comunidade de assentamento do Movimento dos Sem Terra, o professor de Matemática aplicou uma atividade na qual pedia aos alunos que explicassem como eles poderiam dividir um pedaço de terra entre si. Os alunos mostraram algum conhecimento sobre o cálculo de áreas de superfícies de forma aproximada e utilizaram esse modelo para dividir o terreno indicado pelo professor. Após toda a discussão, o professor mostrou que, além daquela forma que eles utilizaram para calcular a área e dividir o terreno, existiam outras formas e deu exemplo de uma delas. Por fim,

o professor terminou a aula dizendo que a forma pela qual os alunos dividiam áreas entre si não era a convencional, mas que, para os interesses daquela comunidade, estava de bom tamanho. Essa situação pode exemplificar uma situação que envolve principalmente a:
a) pedagogia da resolução de problemas.
b) história da matemática.
c) modelagem matemática.
d) etnomatemática.

5. De acordo com as discussões do texto, uma forma bastante restrita para a utilização de uma calculadora em sala de aula seria:
   a) Os alunos resolvem expressões numéricas utilizando as teclas de memória, percebendo a ordem adequada em que cada operação deve ser desenvolvida.
   b) Ao estudarem as relações trigonométricas no triângulo retângulo e se depararem com divisões entre números com três casas decimais, os alunos utilizam as calculadoras para agilizarem o processo.
   c) Após uma pesquisa de opinião com os alunos que visava descobrir qual o candidato à presidência da república preferido na escola, os estudantes utilizaram calculadoras para calcular os percentuais.
   d) O professor passa uma lista de contas de adição, subtração, multiplicação e divisão e pede para os alunos resolverem todas elas utilizando a calculadora.

6. Considerando as tendências em Educação Matemática que surgem como alternativas para auxiliar o desenvolvimento e a modernização do ensino e aprendizagem dessa disciplina, podemos considerar que:
   a) como a escola pública não possui estrutura e os investimentos são mínimos, tais tendências não se aplicam a esse domínio.
   b) sem um curso de especialização, torna-se impossível para o professor

entender como se desenvolve uma atividade baseada em uma dessas tendências.

c) muitos professores que não estão satisfeitos com o desempenho dos seus alunos desenvolvem várias atividades diferentes e, em muitas dessas vezes, retratam de forma praticamente fiel algumas das tendências citadas no nosso texto.

d) essas tendências são algumas formas de maquiar o ensino da Matemática, que deve ser levado a sério. Nessa disciplina, o professor deve prezar pela exatidão e pelo rigor. As demonstrações devem constituir a espinha dorsal do ensino dessa disciplina, pois só assim os alunos, ou mesmo uma pequena parte deles, terão acesso ao glorioso mundo da abstração matemática.

7. Assinale V para as sentenças que entender como verdadeiras e F para aquelas que acreditar serem falsas:

( ) A relação ensino e aprendizagem da Matemática, assim como de outras disciplinas constantes dos currículos do ensino básico, tem seus problemas, porém, na Matemática, esses problemas são maiores devido às dificuldades impostas pela própria matemática, que é uma ciência especial, acessível apenas a alguns alunos que têm facilidade para aprendê-la.

( ) Uma forma bastante eficaz para melhorar a relação ensino e aprendizagem da Matemática seria a impressão de manuais com aulas prontas, que seriam apenas aplicadas pelos professores aos seus alunos. Tais materiais seriam elaborados por pesquisadores com grande reconhecimento perante a comunidade científica.

( ) A modelagem na Educação Matemática pode ser considerada a principal solução para os problemas do ensino e da aprendizagem de Matemática no Brasil. Afinal, essa metodologia funda-se nos problemas do cotidiano do aluno, escolhidos por ele próprio, e a participação dele nas atividades é sempre bastante eficaz, não deixando dúvida sobre a necessidade de uma modificação geral no modelo de ensino adotado no país, passando as aulas de Matemática a serem todas voltadas a atividades de modelagem.

( ) Em suas páginas, um livro de Matemática trazia pequenos quadros para contar que Fulano nasceu em tal ano e que foi um dos responsáveis pelo desenvolvimento de determinado conhecimento. Essa é uma das formas de utilização da história da matemática, porém existem outras, em que se considera o desenvolvimento histórico de um conteúdo para potencializar o aprendizado. Estas são mais adequadas aos objetivos da disciplina e podem ser chamadas de *história na Educação Matemática*.

( ) As chamadas *tendências em Educação Matemática* podem ser consideradas alternativas para o processo de ensino e aprendizagem da Matemática em escolas do país. Porém, ressaltamos que não se deve misturar muitas delas em uma mesma escola, em um mesmo ano, pois poderiam vir a confundir os alunos.

( ) É preciso que o professor fique atento, pois atividades desenvolvidas utilizando essas novas tendências para o ensino e a aprendizagem de Matemática podem tornar as aulas muito divertidas, e os alunos podem se desconcentrar do único objetivo das aulas de Matemática, que é ensinar matemática. Essa disciplina é extremamente séria e seus conceitos são, na maioria, abstratos, o que exige mais seriedade por parte dos aprendizes.

Atividades de Aprendizagem

Questões para Reflexão

1. Descreva uma situação na qual os alunos desenvolvem um trabalho de Modelagem Matemática. Esse trabalho pode constar do seu portfólio.

2. Qual é a característica, na sua opinião, presente em todas as tendências metodológicas que descrevemos anteriormente?

Atividade Aplicada: Prática

Desenvolva uma/algumas das atividades que propusemos como exemplos com seus alunos (se não estiver em atividade, propomos, se possível, buscar uma parceria com um professor conhecido que esteja atuando em sala de aula) e descreva como se deu o desenvolvimento e os resultados finais desse processo. Você pode também criar e desenvolver uma atividade, devendo ainda descrever o desenvolvimento e os resultados ao final do processo.

$$\frac{-b \pm \sqrt{b^2 - 4ac}}{2a}$$

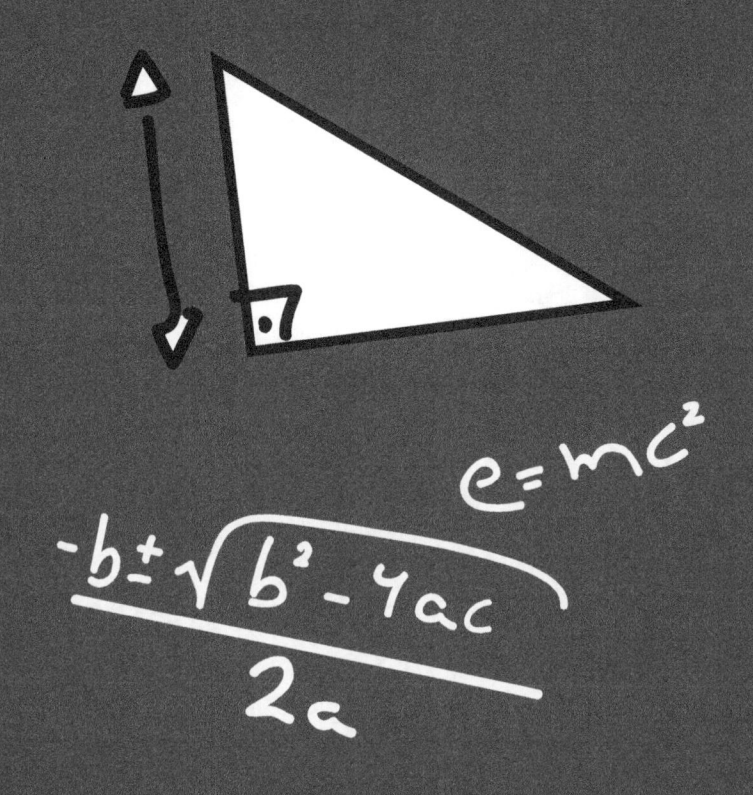

$e = mc^2$

Capítulo 3

A importância da pesquisa para a produção de conhecimento é inquestionável. Aprender é uma característica do ser humano, e a pesquisa é o caminho para isso, pois ela aperfeiçoa e produz conhecimento.

Neste capítulo, apresentamos para o professor diferentes aspectos da pesquisa científica, esclarecendo como esta pode enriquecer a sua prática de ensino. Para tanto, informamos por que, como, quando e sob quais condições as pesquisas podem ser realizadas. Além disso, apresentamos ao professor de sala de aula uma possibilidade quanto a seu aperfeiçoamento profissional.

O professor-pesquisador

Como professores, temos necessidades pertinentes ao nosso exercício profissional docente, e, quando estas são supridas, logicamente os benefícios são revertidos em melhorias na qualidade de ensino. As necessidades são de ordem profissional e pessoal. Pertencem ao aspecto profissional, quando dizem respeito ao acúmulo de conhecimento didático e de área, e ao pessoal, quando dizem respeito à nossa realização como pessoas e profissionais, ou seja, quando percebemos que somos lembrados e valorizados.

Entretanto, a satisfação dessas necessidades também ocorre de acordo com o sucesso que alcançamos ao enfrentar as complexidades inerentes à sala de aula.

Nesse contexto, vamos analisar e esclarecer um pouco mais por que e como podemos utilizar, em benefício de nossa prática em sala de aula, três aspectos intimamente relacionados: a **pesquisa**, o **ensino** e a **aprendizagem**.

Apesar de comumente serem tidos como aspectos separados, como é o caso do ensino e da pesquisa, ou inseparáveis, como é o caso do ensino e da aprendizagem, é necessário repensar um pouco a noção que se tem deles e de suas inter-relações. É comum encontrar a expressão *ensino-aprendizagem*, que implicitamente traz a ideia de que uma das partes depende exclusivamente da outra. Hoje se percebe que pesquisa e ensino têm contribuições mútuas e que a aprendizagem não é um resultado inequívoco do ensino, ou apenas isso. Pesquisas mostram que pode haver tentativa de ensino sem ocorrer aprendizagem ou, então, é possível verificar a ocorrência de aprendizagem sem existir uma ação consciente que vise ao ensino.

Entretanto, pesquisa, ensino e aprendizagem são as partes integrantes de um todo quando se fala de educação. E são partes que interagem entre si, nutrindo-se mutuamente. Por meio da pesquisa, o homem produz conhecimento, mas o que seria dela se não houvesse consumidores, ou seja, se não existisse alguém a quem esse conhecimento interessasse? Assim, vemos a pesquisa como um benefício, como um meio de atingir um bem comum. Nesse sentido, necessitamos de pessoas que a perpetuem e alimentem, como é o caso de pesquisadores, cientistas, professores e da escola. A necessidade de progresso científico, tecnológico e humano justifica a criação de um sistema educacional, assim como a pesquisa em relação ao ensino e à aprendizagem.

Para que a aprendizagem ocorra de forma mais efetiva, devem ser reconhecidos e respeitados os diversos fatores envolvidos nesse processo, assim como as práticas pedagógicas necessitam ser constantemente aperfeiçoadas, mantendo-se em consonância com as transformações sociais e tecnológicas que permeiam a sociedade.

Aproximando-nos um pouco mais do nosso contexto, a sala de aula, diríamos que as coisas podem ser compreendidas como descritas no parágrafo anterior, mas na prática não é exatamente o que acontece.

Há muitas percepções equivocadas envolvendo os três aspectos citados, começando pela relação entre ensino e pesquisa, que são vistos como distantes. Conforme Santos (2001), um dos motivos pelo qual a pesquisa é mais privilegiada é o fato de ela ser um parâmetro para a avaliação acadêmica pelos órgãos de fomento. Talvez, por esse motivo, chegamos ao ponto de, em instituições de educação superior, haver casos de profissionais que veem o ensino como um "aborrecimento" necessário e que gostariam de privilegiar a pesquisa. Nas universidades públicas, por exemplo, para incentivar as atividades de ensino, os professores percebem uma recompensa financeira referente a tais atividades. Alguns ainda sustentam a ideia do "quem sabe, faz, quem não sabe, ensina".

E, se falarmos na conexão entre pesquisa e aprendizagem, o que poderia ser dito? Essa é uma discussão que procuraremos levantar nas linhas a seguir.

3.1 Pesquisa: o que é pesquisar?

O que é **pesquisar**? Eis uma pergunta interessante para o início de nossa conversa. Ao explorarmos algumas respostas apresentadas pelos pesquisadores, orientaremos as respostas para a área do nosso interesse: a Educação Matemática. Esse direcionamento se dará principalmente pelo referencial que decidimos utilizar, ou seja, alguns nomes representativos desse campo de pesquisa, tais como Bicudo, Fiorentini e Lorenzato.

A professora e pesquisadora Maria Aparecida Viggiani Bicudo, que há muitos anos se destaca na pesquisa em Educação Matemática, com muitas obras dedicadas a explorar questões relevantes a esse campo, descreve em um de seus artigos que "pesquisar configura-se como buscar compreensão e interpretação significativas do ponto de vista da interrogação formulada. Configura-se, também, como buscar explicações cada vez mais convincentes e claras sobre a pergunta feita" (Bicudo, 1993, p. 18).

Em uma de suas obras, que objetiva principalmente servir de orientação aos pesquisadores que iniciam seus trabalhos ou até mesmo pesquisadores mais avançados, Fiorentini e Lorenzato (2006, p. 60) esclarecem que pesquisa "é um processo de estudo que consiste na busca disciplinada/metódica de saberes, compreensões acerca de um fenômeno, problema ou questão da realidade ou presente na literatura o qual inquieta/instiga o pesquisador perante o que se sabe ou se diz a respeito".

Estas são duas das várias definições sobre a tarefa de pesquisar que podemos encontrar na literatura. Cada pesquisador formula, segundo seu entendimento e de acordo com a literatura disponível, uma definição sobre o que seja pesquisar.

Entretanto, em linhas gerais, essas definições permanecem próximas ou pelo menos possuem indicativos de apontarem para uma mesma direção. Isso pode ser confirmado quando tomamos por base algumas palavras encontradas em definições do que seja pesquisa e que refletem significados comuns. Fiorentini e Lorenzato (2006, p. 60) apresentam uma seleção dessas palavras encontradas na literatura e que remetem à ideia de algo que precisa de resposta. Elas foram divididas pelos autores em:

~ substantivos: investigação, indagação, estudo, assunto, problema e questão;

~ verbos: descobrir, esclarecer, buscar e perseguir, que indicam uma ação que está diretamente relacionada ao processo de pesquisa;

~ adjetivos: metódico, rigoroso, sistemático e consistente, que sugerem um objetivo a ser alcançado para que uma pesquisa obtenha maior grau de aceitação e reconhecimento por parte da comunidade a qual ela se destina.

Obter reconhecimento da comunidade interessada no assunto é um objetivo que deve ser alcançado para que o trabalho seja considerado uma investigação científica. Até chegar a ter esse *status*, haverá todo um caminho a percorrer. Por exemplo, ao observarmos a prática educativa, podemos perceber que ali ocorrem relações que podemos colocar como sendo entre aluno e professor, entre aluno e conhecimento, entre professor e conhecimento etc.

Essas relações necessitam ser detidamente observadas e registradas. É por meio do questionamento e das experiências que podemos realizar a respeito desses registros, e baseando-se nas indicações encontradas na literatura, que é possível obter conclusões sobre essas relações. Tais conclusões devem ser meticulosamente revistas e justificadas, procurando-se obter a maior veracidade possível, de modo que todo esse trabalho alcance o reconhecimento necessário.

Sobre essas conclusões, Bicudo (1993, p. 18) observa que "não há uma solução definitiva, não há compreensão e interpretação plenamente desenvolvidas e que dão conta de todas as dimensões do fenômeno interrogado". Assim, encontrar significados e conclusões, os mais coerentes possíveis, é de grande importância para o processo de pesquisa.

Dessa forma, o "andar em torno de uma interrogação de modo cuidadoso e sistemático" (Bicudo, 1993, p. 18), sempre considerando atentamente as relações feitas e revendo os passos dados, questionando-se sempre, aproxima-nos da resposta do que seja pesquisa.

3.2 O processo de pesquisa

O processo de pesquisa apresenta algumas fases que não necessariamente precisam ser colocadas em prática quanto a ordem ou número aqui apresentados. Com a finalidade de orientação, destacaremos uma classificação em quatro fases principais, descritas por Fiorentini e Lorenzato (2006, p. 80), que são: planejamento, coleta de dados, análise e elaboração de relatório final.

A seguir, passamos a uma descrição sucinta dessas fases.

3.2.1 Fase do planejamento

Essa fase inicia-se com a percepção de uma questão ou problema a ser explorado, a qual passa por um processo de discussão e pela identificação da relevância. Deve ser uma questão que seja provocativa, que atraia o interesse do pesquisador, pois é a partir desse direcionamento que a pesquisa transcorrerá por um bom tempo. A questão deve ser relevante tanto para o pesquisador quanto para seus pares.

Tendo em mente essa questão, passa-se à elaboração do planejamento do projeto de pesquisa. Este irá conter uma descrição minuciosa do "quê" e do "como" se pretende fazer.

São etapas de um projeto de pesquisa:

~ Tema: aponta a área de interesse a ser abordada.
~ Justificativa: são argumentos de ordem pessoal/profissional e teórica.
~ Revisão bibliográfica: análise de fontes que tratem do tema indicado anteriormente. O que se pretende com isso é conhecer melhor o tema, além de obter uma visão mais ampla do que já foi feito na área de interesse da pesquisa.
~ Problema e questão: detalhamento do problema, o qual pode ter sido percebido na prática ou em leituras, assim como explicitação clara e objetiva da interrogação (questão) que o problema suscita.
~ Objetivos da pesquisa: indicação do que se quer fazer e/ou de onde se quer chegar.
~ Procedimentos metodológicos: indicação de como se pretende alcançar os objetivos, propondo hipóteses a respeito do que se espera

encontrar, ou seja, antecipação de possíveis soluções. Basicamente, responde às questões: "como?", "com quê?" e "onde?".

~ Cronograma: é interessante que seja estabelecido um cronograma, a fim de orientar as etapas do trabalho. Segue um exemplo:

Etapa	Março			Abril		
Revisão bibliográfica	X	X	X			
Redação do capítulo 1			X	X	X	
Planejamento da coleta de dados				X	X	
Coleta de dados					X	X	X

3.2.2 Fase de coleta de dados

Escolhida qual será a questão, tem-se mais clareza sobre o tema que se pretende abordar. Passa-se assim a pensar em como obter elementos para responder à questão proposta, isto é, informações e dados. Há dois modos de adquiri-los: por meio de fonte bibliográfica, da qual teremos uma pesquisa teórica, ou por meio da realização de um experimento direcionado ou da coleta das informações no ambiente de interesse, e, nesse caso, trata-se de uma pesquisa de campo ou de laboratório. Os dados e informações encontrados têm o objetivo de fornecer subsídios para o que se pretende investigar.

Em qualquer dos dois casos do parágrafo anterior, o conhecimento do pesquisador, suas experiências, leituras anteriores, suas reflexões e práticas em torno do tema influenciam no desenvolvimento e nas conclusões da pesquisa.

3.2.3 Fase da análise

Momento de organização e sistematização das informações e dos dados obtidos, os quais serão tratados analiticamente ou serão interpretados com base nos referenciais teóricos e nos objetivos da pesquisa.

3.2.4 Fase de elaboração do relatório final

Nesse momento, ocorre a descrição do desenvolvimento da pesquisa com a apresentação dos resultados e conclusões a que se chegou. Dados e informações coletados no decorrer da pesquisa são organizados em um texto, que se soma às justificativas, observações e aos esclarecimentos baseados nos referenciais teóricos que foram consultados.

O relatório final é muito importante e deve ser uma descrição clara de todo o processo de pesquisa desde o primeiro momento, pois, para que essa pesquisa tenha validade, ela precisa tornar-se pública, e o relatório final constitui um recurso fundamental utilizado tanto para o registro quanto para a divulgação da pesquisa.

Monografias, dissertações e teses são os exemplos mais comuns desse tipo de relatório. A Associação Brasileira de Normas Técnicas (ABNT) e entidades similares estabelecem normas para a elaboração e a apresentação desses relatórios.

3.3 Pesquisa quantitativa ou pesquisa qualitativa?

Nossa intenção aqui é apresentar algumas diferenças marcantes entre as abordagens quantitativa e qualitativa de pesquisa. Colocaremos ênfase na abordagem de pesquisa qualitativa, uma vez que nela atualmente se enquadram a maioria das pesquisas educacionais e, sobretudo, as pesquisas em Educação Matemática.

3.3.1 O que é pesquisa quantitativa?

A partir dessa abordagem, procura-se expressar os fenômenos por meio de representações bastante exatas, normalmente em linguagem matemática, especialmente estatística. Sendo assim, as pesquisas quantitativas são sempre baseadas com extremo rigor. Devido a isso, elas correm riscos muito maiores de serem refutadas, porém, fornecem muitas informações sobre o mundo (Alves-Mazzotti; Gewandsznajder, 1999, p. 71).

As pesquisas desenvolvidas sob essa perspectiva normalmente seguem um determinado plano preestabelecido, com base nas hipóteses colocadas anteriormente.

Os instrumentos de coleta de dados utilizados em uma pesquisa quantitativa são muito bem testados antes da coleta definitiva, sendo ajustados com rigor para eliminar qualquer chance de interferência nos dados recolhidos ao final da coleta.

Algumas das formas de coleta de dados, em uma pesquisa quantitativa, são:

a. **Entrevista dirigida** – Embora os entrevistados tenham liberdade nas suas falas, nessa modalidade de entrevista, as questões são dirigidas e podem ser consideradas, inclusive, fechadas. São feitas perguntas com respostas que não podem variar muito, ficando o entrevistado condicionado a optar por respostas predeterminadas que compõem cada questão.

Para diferenciar uma questão fechada de uma aberta em uma entrevista, veja o exemplo a seguir:

> Durante uma pesquisa com eleitores, realizada para se conhecer o nível de aprovação do mandato de um determinado presidente da República, a seguinte questão é colocada: "Você aprova o mandato do atual presidente da República do Brasil?"
>
> Podemos perceber que sobram pouquíssimas opções para uma resposta a essa questão.
>
> Em contrapartida, uma entrevista na qual se queira saber, de fato, a opinião do eleitor, seria mais conveniente que se perguntasse: "O que você acha do mandato do atual presidente da República do Brasil?"
>
> Nesse caso, temos uma pergunta aberta, pois o entrevistado pode responder da forma que considerar mais adequada.

b. **Observação sistemática** – Visando não interferir no comportamento do sujeito, essas observações normalmente acontecem com a utilização de filmagens por câmeras ambientadas. O sujeito é observado, e os dados referentes ao seu comportamento vão sendo marcados em uma lista pré-composta de comportamentos possíveis para uma pessoa. Como exemplo, podemos citar a observação do comportamento de alunos submetidos à resolução de problemas. A sala será filmada durante a aplicação das atividades, e o pesquisador estará atento às reações do aluno perante cada tipo de problema apresentado. As reações serão marcadas em uma lista predefinida de possíveis reações.

c. **Questionários** – São listas de questões fechadas, já validadas por um pré-teste, pois cada questão precisa ser bastante clara para que o sujeito não tenha dificuldades para entender. As questões são elaboradas com o intuito de buscar informações específicas.

A abordagem de pesquisa descrita até aqui não é aceita por muitos pesquisadores quando se trata de analisar o ser humano e suas relações. Essa não aceitação provém do fato de se acreditar que, em uma pesquisa quantitativa, o humano e suas relações seriam expressos em quantidades, ou reduzidos a números, o que excluiria a questão da subjetividade e da individualidade que são características humanas.

Nesses casos, há uma maior aceitação de abordagens qualitativas de pesquisa, das quais trataremos a seguir.

3.3.2 O que é pesquisa qualitativa?

Segundo Denzin e Lincoln (1994, p. 2), essa abordagem de pesquisa tem como principal característica tentar dar sentido ou interpretar os fenômenos de acordo com os significados que as pessoas trazem para eles.

Alguns pesquisadores (Miles; Huberman, 1994; Lüdke; André, 1986) fazem considerações sobre as metodologias qualitativas de pesquisa. A seguir, exporemos algumas das características mais comuns desse modelo, discutidas por eles.

a. **O pesquisador é considerado instrumento de pesquisa** – Recorrer às suas experiências, ao seu conhecimento tácito e aos seus pressupostos existenciais são recursos usados para coletar os dados, compreendê-los e interpretá-los. Ainda faremos algumas discussões, de forma mais detalhada, sobre o papel do pesquisador na investigação qualitativa.

b. **O ambiente natural é a fonte direta de dados** – Sendo o ambiente a fonte direta de dados, é preciso que se tenha um contato direto e prolongado com ele, o que demanda tempo e dedicação do pesquisador. Eis aí o motivo pelo qual alguns pesquisadores chamam as pesquisas qualitativas de *naturalísticas*. Nessas observações persistentes, todos os detalhes são importantes e devem ser anotados e, se possível, gravados em vídeo.

c. **O pesquisador é o principal instrumento de pesquisa** – Ele é o instrumento de coleta de dados e, para tal, deve ter em mente quais dados são importantes e relevantes no sentido de atingir a meta das suas buscas.

d. **Grande importância é dada ao processo (considerado mais relevante que o próprio produto da pesquisa)** – Afinal, ao estudar um problema, interessa ao pesquisador que desenvolve abordagens qualitativas de pesquisa saber como ele ocorre nas atividades e nos procedimentos do dia a dia.

e. **Os dados coletados em pesquisas qualitativas são predominantemente descritivos** – Como os dados são coletados por meio de observações, questionários, entrevistas abertas e análise de documentos, há muitas informações anotadas, seja no momento da observação, seja no estudo, ou que tenham sido transcritas de gravações. Os pesquisadores também utilizam citações de outrem para subsidiar suas informações.

f. **O significado dado pelas pessoas às coisas e à vida é observado de forma especial pelo pesquisador** – A forma como o informante encara as questões focalizadas é valiosa para o pesquisador. Os diferentes pontos de vista dos participantes, que permitem uma percepção do dinamismo interno das situações em foco, geralmente não são acessíveis a um observador interno.

g. **O processo de análise dos dados normalmente tende a ser o indutivo** – Afinal, nas pesquisas qualitativas, normalmente não se trabalha teoria ou hipóteses *a priori*, mas busca-se compreender determinada situação a partir dos dados recolhidos.

Podemos perceber, pelas características que descrevemos anteriormente, que as abordagens qualitativas de pesquisa parecem mais adequadas às pesquisas voltadas às questões educacionais.

Quando falamos em abordagens qualitativas de pesquisa, não nos referimos apenas a uma forma de fazer pesquisa. Muito pelo contrário, são várias as modalidades de pesquisa classificadas como qualitativas. Neste trabalho, apresentaremos, segundo as descrições apresentadas por Silveira (2007), ainda que de forma simplificada, três dessas modalidades que são utilizadas por pesquisadores do campo educacional: a pesquisa-ação, a pesquisa etnográfica e o estudo de caso.

a. **Pesquisa-ação** – Nessa modalidade de pesquisa, os participantes atuam ativamente e determinam a direção das ações do estudo. Os objetivos podem ser remanejados, dependendo do andamento da pesquisa. Normalmente, a pesquisa-ação é utilizada por grupos de docentes ou por um pesquisador trabalhando diante desse grupo, em busca de compreender, de forma sistemática e planejada, problemas provenientes do dia a dia da prática profissional desse grupo.

Os principais instrumentos utilizados na coleta de dados em uma pesquisa-ação são: questionários, entrevistas gravadas em áudio, diários de bordo* e as observações. Os dados recolhidos são organizados. No caso das gravações, são transcritas e analisadas pelo grupo para chegarem às considerações finais.

b. **Pesquisa etnográfica** – Essa modalidade de pesquisa busca descrever e interpretar a cultura e o comportamento cultural de pessoas e grupos. Pode ser utilizada, por exemplo, para compreender o comportamento de alunos, professores, administradores ou pais envolvidos em uma determinada comunidade escolar. Porém, exige certa proximidade do pesquisador com os participantes da pesquisa, devendo ele estar ou se tornar familiarizado com o ambiente onde vai desenvolver a investigação.

Os instrumentos utilizados nas coletas de dados são semelhantes aos utilizados na pesquisa-ação. A partir da organização dos dados, o pesquisador levanta questionamentos e tenta encontrar conexões entre eles.

c. **Estudo de caso** – Segundo Triviños (1987, p. 133), estudo de caso "é uma categoria de pesquisa cujo objeto é uma unidade que se analisa profundamente". Esse estudo, segundo Lüdke e André (1986, p. 17), pode ser "simples e específico, como o de uma professora competente de uma escola pública, ou complexo e abstrato, como o das classes de alfabetização ou do ensino noturno". Existem ainda algumas características comuns aos estudos de caso. Para as autoras (Lüdke; André, 1986, p. 18-19), os estudos de caso visam à descoberta, enfatizam a "interpretação em contexto", buscam retratar a realidade de forma completa e profunda, usam

---

* Diários de bordo são anotações que o pesquisador faz durante o trabalho de campo, incluindo data, hora, local, tempo de duração etc.

uma variedade de fontes de informação, procuram reapresentar diferentes e às vezes conflitantes pontos de vista e utilizam uma linguagem e uma forma mais acessíveis do que os outros relatórios de pesquisa. Embora sejam muito comuns entre as pesquisas qualitativas educacionais, os estudos de caso também aparecem como pesquisas quantitativas. No que diz respeito à coleta de dados, ela ocorre, basicamente, por meio de entrevistas gravadas, observações e análises documentais. Os dados obtidos são interpretados e, a partir disso, o pesquisador escreve um relatório final. Normalmente, os resultados finais não podem ser generalizados, pois as unidades estudadas em um caso geralmente são muito específicas.

Finalmente, Alves-Mazzotti e Gewandsznajder descrevem, por meio de alguns pontos, o estado da pesquisa revelado por avaliações das pesquisas educacionais brasileiras. A seguir, listamos esses pontos:

> [a] *Pobreza teórico-metodológica na abordagem dos temas, com um grande número de estudos puramente descritivos e/ou "exploratórios"*; [b] *Pulverização e irrelevância dos temas escolhidos*; [c] *Adoção acrítica de modismos na seleção de quadros teórico-metodológicos*; [d] *Preocupação com a aplicabilidade imediata dos resultados*; [e] *e Divulgação restrita dos resultados e pouco impacto sobre as práticas.*
> (Alves-Mazzotti; Gewandsznajder, 1999, p. 144)

Embora esse cenário não seja animador, podemos notar nos últimos anos que a comunidade científica das ciências sociais e educacionais tem desenvolvido procedimentos de investigação e proposto critérios que, certamente, orientarão o desenvolvimento de pesquisas qualitativas e também contribuirão no que diz respeito ao rigor dos seus procedimentos e à confiabilidade de suas conclusões (Alves-Mazzotti; Gewandsznajder, 1999, p. 146).

3.4 Por que pesquisar em Educação Matemática?

Baseando-nos em Fiorentini e Lorenzato (2006), podemos dizer que o objeto de estudo da Educação Matemática está no campo da prática educativa e se refere à ampla relação que pode ser estabelecida entre três polos: o professor, o aluno e o conhecimento matemático.

Ainda com base nesses autores, podemos afirmar que a pesquisa nesse campo, pela sua especificidade e fatores envolvidos, não se enquadra como uma pesquisa em educação, pois, embora se utilize de recursos metodológicos concernentes ao ensino, tem como objeto conhecimentos específicos. Também não é uma pesquisa em matemática, pois não tem como objetivo criar nova matemática. Entretanto, poderíamos dizer que se localiza na interface dessas áreas, além de necessitar de conhecimentos de outras áreas.

Em se tratando dessa especificidade, há todo um conjunto de aspectos envolvidos, sejam eles matemáticos, filosóficos, históricos, tecnológicos, psicológicos, sociológicos, entre outros.

O campo de conhecimento que se estabelece na investigação de questões envolvendo as relações entre ensino e aprendizagem, as relações entre professor e aluno, os processos cognitivos, a organização e a apresentação de conteúdos de ensino, o material didático, a formação e os tipos de atuação de professores, a avaliação do ensino e da aprendizagem em matemática, entre outras, é concernente à pesquisa em Educação Matemática.

Levando isso em conta e também considerando que a pesquisa tem como objetivo buscar respostas a perguntas e questões que surgem em determinados contextos, podemos perceber que a Educação Matemática apresenta-se como um campo de pesquisa potencialmente rico.

3.5 A pesquisa sob outro prisma

Se refletirmos sobre o que é importante para o professor para que apresente melhor desempenho no ensino da Matemática, provavelmente nossas conclusões estarão próximas ao que foi definido nos PCN:

> [a] *identificar as principais características dessa ciência, de seus métodos, de suas ramificações e aplicações;* [b] *conhecer a história de vida dos alunos, sua vivência de aprendizagens fundamentais, seus conhecimentos informais sobre um dado assunto, suas condições sociológicas, psicológicas e culturais;* [c] *ter clareza de suas próprias concepções sobre a Matemática, uma vez que a prática em sala de aula, as escolhas pedagógicas, a definição de objetivos e conteúdos de ensino e as formas de avaliação estão intimamente ligadas a essas concepções.* (Brasil, 1997, p. 29)

Pensando sobre isso, podemos perceber que muitos dos avanços do professor, ao se falar em desenvolvimento profissional, passam pela atitude individual de constante reflexão e questionamento sobre a prática. A busca por novos conhecimentos e informações que permitam melhor desempenho em sala de aula passa por leituras, conversas, cursos etc. Isso ocorre com mais ênfase na prática, já que os cursos de formação deixam lacunas quanto aos conhecimentos necessários à implementação do ensino. Ao se deparar com uma realidade para a qual não foi devidamente preparado, resta ao professor algumas opções, como reproduzir o que já foi traçado para ser feito em sala de aula ou, a partir de reflexões e pesquisas, adquirir conhecimentos que permitam o aperfeiçoamento da sua prática.

Ainda com relação a isso, relembramos que D'Ambrosio comenta que o ensino requer um profundo conhecimento do que se pretende ensinar, o qual "é caracterizado pela habilidade do professor em descrever a compreensão do aluno, baseando-se numa renegociação de seu próprio conhecimento de matemática" (D'Ambrosio, citado por Fiorentini; Nacarato, 2005, p. 20).

Conforme Santos (2001, p. 11-25), o professor, ao fazer uso de uma prática reflexiva, aprende a "olhar e escutar com mais atenção" e, com isso, tem a possibilidade de verificar que as situações encontradas em sala de aula são mais complexas do que aparentam ser. Isso, associado à possibilidade de realizar um trabalho de pesquisa, acaba por refinar sua percepção dos fenômenos educacionais. Dessa forma, o professor desenvolve um trabalho próximo ao do pesquisador.

Aproveitando esse *link* e voltando a refletir sobre o que seria pesquisar, deparamo-nos com a abordagem de Ponte sobre a pesquisa. Esse estudioso publicou interessantes artigos sobre o tema, nos quais explora o trabalho de pesquisa dos professores de sala de aula. Para Ponte (2003, p. 2), "investigar* não é mais do que procurar conhecer, procurar compreender, procurar encontrar soluções para os problemas com que nos deparamos".

Existem diferenças de objetivos entre uma pesquisa realizada no âmbito da academia e uma realizada pelo professor no âmbito de sua própria prática, mas ambas têm suas contribuições a oferecer, e em ambas devem existir parâmetros comuns a atingir, em maior ou menor grau, como cuidado, rigor, sistematicidade e objetividade durante o processo de construção da pesquisa.

Ponte (2003, p. 2) afirma ver como complementares as atividades de pesquisa e as de ensino, afirmando que ele próprio obtete benefícios em sua prática ao conciliar as duas. Como exemplo de benefícios obtidos com essa relação, o autor cita o caso de Lobachevisky e a geometria que surgiu ao se negar o quinto postulado de Euclides, negação que foi fruto das necessidades e questões relativas ao ensino. Mendeleiev e a tabela periódica também são lembrados, pois esta foi criada com a finalidade de auxiliar o ensino da Química e se tornou um dos pilares fundamentais

---

* O termo *investigar*, no contexto acima, é utilizado com o significado de "pesquisa".

da Química Moderna, servindo de base para a descoberta de novos elementos e fornecendo pistas para melhor se compreender a estrutura da matéria.

Assim, associando as ideias tratadas nos parágrafos anteriores, encontramos fortes justificativas para que o professor se coloque como um pesquisador e vá além, debruçando-se com interesse sobre trabalhos de pesquisa que envolvam sua prática em sala de aula, encontrando novas possibilidades para tratar de problemas inerentes à sua profissão.

As respostas a muitas perguntas que surgem, quando, após ter encerrado o curso de licenciatura, o professor entra em sala de aula, podem ser dadas por meio de pesquisa realizada nesse mesmo local, ou seja, no seu campo de trabalho.

A pesquisa da própria prática como possibilidade a ser exercida e valorizada pelo professor é o assunto a ser abordado no próximo capítulo.

Síntese

Neste texto, frisamos a importância da pesquisa para a produção do conhecimento e, ao mesmo tempo em que apresentamos duas diferentes abordagens de pesquisa — a qualitativa e a quantitativa —, examinamos a possibilidade de o professor produzir conhecimentos segundo seu interesse e de modo a satisfazer as suas necessidades. Em meio a isso, justificamos a necessidade da pesquisa no campo da Educação Matemática, incluindo aí a pesquisa que pode ser realizada pelo professor que atua em sala de aula. Sugerimos que muitas lacunas que o docente encontra em sua prática podem ser preenchidas por meio da pesquisa em sala de aula.

Atividades de Autoavaliação

Nas questões de 1 a 5, marque a alternativa que melhor responde a cada questão.

1. Considerando a abordagem apresentada sobre a pesquisa, **não** é verdadeiro afirmar que:
   a) muitos professores e pesquisadores de instituições de ensino superior, especialmente públicas, atuam no magistério, mas podemos perceber que a ênfase está na pesquisa.
   b) os professores do ensino básico normalmente não acreditam que podem desempenhar atividades de pesquisa, utilizando-se do rigor científico, para desenvolver trabalhos confiáveis e importantes para a sua comunidade.
   c) ensino e pesquisa são vistos, tanto por muitos profissionais do ensino superior, quanto por profissionais do ensino básico, como divorciados.
   d) é comum encontrarmos nas escolas brasileiras professores que realizam alguma pesquisa em grupos ou individualmente.

2. Todas as alternativas relacionam apenas palavras ligadas à ideia de pesquisa, **exceto**:
   a) Indagação, esclarecer, rigoroso.
   b) Buscar, burlar, metódico.
   c) Consistente, descobrir, questão.
   d) Sistemático, perseguir, assunto.

3. Entre outras coisas, o pesquisador também precisa tomar alguns cuidados em relação ao seu posicionamento ético perante as situações em que se vê envolvido. Assinale a alternativa que descreve uma atitude negativa para um pesquisador ao desenvolver sua atividade:

a) Durante uma observação de alguns alunos que estão desenvolvendo uma atividade, o pesquisador anota todos os detalhes que percebe, recolhendo as anotações dos alunos e tirando fotografias, procurando obter dados abundantes e confiáveis.

b) Ao transcrever as entrevistas dos alunos, a partir de gravações de áudio, o pesquisador resume algumas falas e ignora outras, sintetizando-as em um texto menor que facilitará a sua interpretação.

c) Antes de publicar qualquer informação relativa a um colaborador da pesquisa, o pesquisador pede uma permissão a este.

d) O pesquisador, ao descrever os resultados de uma pesquisa sobre como os professores de Matemática de uma escola desenvolvem a sua prática, utiliza nomes fictícios para se referir a eles, buscando a preservação da identidade dessas pessoas.

4. Todas as alternativas a seguir relatam características de uma pesquisa qualitativa, **exceto**.
   a) O pesquisador é considerado instrumento de pesquisa.
   b) Os dados coletados na pesquisa são relacionados a quantidades e geram gráficos e tabelas que devem ser interpretados.
   c) Os significados dados pelas pessoas às coisas e à vida são observados de forma especial pelo pesquisador.
   d) Nessas pesquisas, normalmente não se trabalha teoria ou hipóteses *a priori*, mas busca-se compreender determinada situação a partir dos dados recolhidos.

5. Alves-Mazzotti e Gewandsznajder (1999) relatam que pesquisas no campo da educação no Brasil têm sido marcadas por uma série de características não muito animadoras. Dentre as características listadas nas alternativas a seguir, assinale a que **não** condiz com o texto:
   a) Os resultados das pesquisas são, normalmente, de pequeno alcance e com pequeno impacto sobre a prática.

b) As pesquisas têm seguido modismos, que não são estudados de forma crítica pelos pesquisadores.
c) As metodologias preferidas têm sido quantitativas, o que tem dificultado resultados aceitáveis.
d) Há a preocupação em aplicar os resultados de forma imediata.

6. Assinale V para as sentenças que entender como verdadeiras e F para aquelas que acreditar serem falsas:

( ) Os professores não têm condições de tocar uma vida profissional se estiverem envolvidos com atividades de pesquisa, ensino e aprendizagem, afinal, os professores já têm muitas atividades acumuladas e não possuem o tempo necessário para se envolver com mais trabalho, independente dos benefícios que isso pode trazer para o seu crescimento pessoal e profissional.

( ) Contribui-se mais com o conhecimento científico quando a descrição mostra que o planejado não atingiu as expectativas ao invés de quando se modela ou adultera o resultado para que ele sustente pontos de vista preconcebidos.

( ) Um pesquisador que busca entender como se dá o desenvolvimento do conhecimento em um grupo de estudos constituído por professores do primário, por meio de observações e entrevistas, estará certamente fazendo uma pesquisa teórica.

( ) Ao observar uma reunião de crianças no pátio da escola, onde discutem sobre algumas formas de resolver um problema matemático, um professor percebe uma boa chance para fazer uma investigação, e, embora ainda não tenha ideia sobre o que gostaria de pesquisar em relação à tal situação, decide convidar os alunos a responderem alguns questionamentos.

( ) Ao se deparar com uma realidade para a qual não foi devidamente preparado, resta ao professor algumas opções, dentre as quais: reproduzir o que já foi traçado para ser feito em sala de aula ou, partindo de reflexões e pesquisas, adquirir conhecimentos que permitam o aperfeiçoamento dessa prática.

Atividades de Aprendizagem

Questões para Reflexão

1. Descreva o que você entende por *cientista*.

2. Descreva o que você entende por *pesquisa* e tente inserir nessa descrição o quão distante da atividade de pesquisa você imagina se encontrar.

Atividade Aplicada: Prática

Se você tem acesso a algum professor universitário, ou a algum outro profissional que desenvolve ou já desenvolveu pesquisa, peça-lhe que conceda a você um momento e entreviste-o. Busque o máximo possível de informação sobre essa atividade e tente relacioná-la aos passos de uma pesquisa, conforme descrevemos neste texto.

$$\frac{-b \pm \sqrt{b^2 - 4ac}}{2a}$$

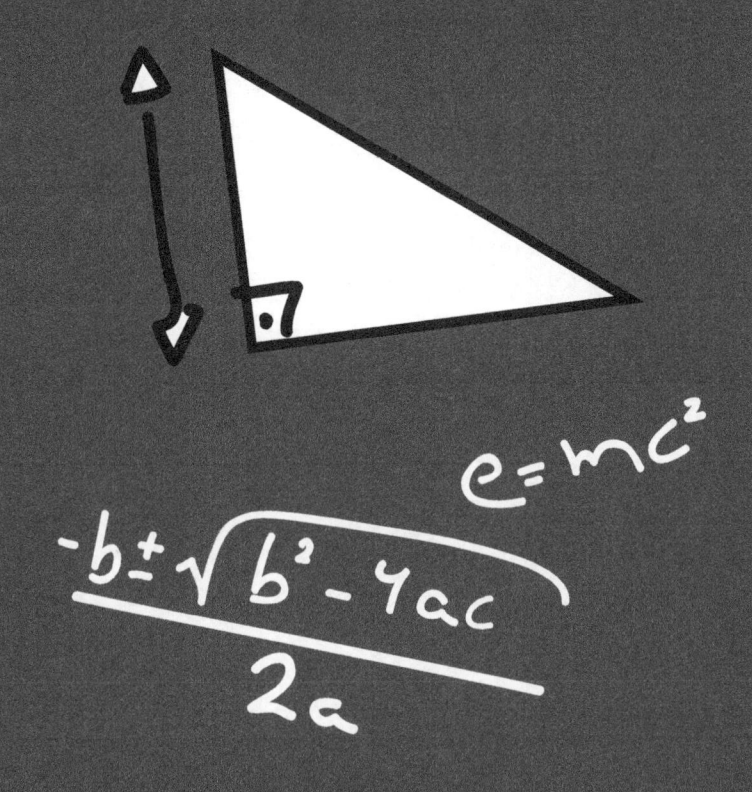

$$e = mc^2$$

Capítulo 4

Neste capítulo, discutiremos com o leitor sobre a necessidade de o professor pesquisar a sua própria prática. Além de comentarmos sobre as fases envolvidas em um processo de investigação da própria prática, ainda argumentaremos a favor da adoção de técnicas de pesquisa para levantar e resolver problemas relacionados à própria prática profissional do professor que se coloca como professor investigador. No final do capítulo é sugerido, ainda, um exemplo de uma pesquisa realizada por uma professora cujo objetivo foi entender o problema de um dos seus alunos, relacionado à aprendizagem do algoritmo de subtração.

O professor pesquisando a sua própria prática

4.1 Por que investigar a própria prática?

Sabemos que as dificuldades encontradas pelos professores de Matemática no que diz respeito ao seu desempenho profissional são muitas. Entre esses problemas, os mais comuns são:
- ~ as dificuldades de aprendizagem dos alunos;
- ~ a avaliação;
- ~ os currículos ultrapassados;
- ~ o acúmulo de tarefas, o que representa menos tempo disponível;

~ a forma desgastante de funcionamento das instituições de ensino;
~ as poucas (ou nenhuma) atividades de formação continuada;
~ os salários irrisórios, especialmente dos professores que trabalham em escolas públicas de ensino básico.

Talvez possam ser acrescidos muitos outros tópicos à lista anterior, mas o que queremos frisar é que não há como imaginar algum tipo de mudança no sistema de ensino sem que se considere o professor como o principal ator. Reconhecemos que muitos deles têm enfrentado essas dificuldades de diversas formas, seja como professor, educador, animador de classe, amigo e, em muitos casos, improvisador, inclusive desempenhando papéis cabíveis a outros profissionais escassos no campo educacional, como psicólogos, oftalmologistas e até médicos, em busca de recursos que minimizem esses problemas. Porém, também sabemos que muitos dos problemas apontados, embora possam contar com a colaboraçao e o interesse dos professores para encontrar uma solução, não são facilmente contornáveis.

Mesmo assim, e também por isso, é perfeitamente claro e aceitável que, para haver maior grau de sucesso no ensino, os professores devem estar em constante busca de novos conhecimentos, avaliando e reavaliando o seu relacionamento com toda a comunidade escolar, além de seu próprio contexto de trabalho.

Tem sido comum entre os professores de Matemática, ao longo dos anos, uma constante aflição quanto ao desenrolar das suas práticas pedagógicas. É evidente o insucesso dos alunos nessa disciplina, evidenciado no comportamento desses alunos, nos resultados obtidos nos exames e até nos conselhos de classe, ao percebermos que a disciplina de Matemática normalmente apresenta os maiores índices de notas vermelhas. O curioso é que algumas vezes isso era camuflado sob um estranho pretexto de que, para ter notas boas em Matemática, o aluno deveria ser muito inteligente.

Hoje sabemos, devido a estudos e pesquisas, que os alunos possuem suas individualidades e apresentam diferentes formas de erros ou dificuldades no aprendizado da matemática. Para lidar com tais dificuldades e tirar proveito dessa convivência, uma boa saída é que o professor exerça um papel diferente: o de professor-investigador da sua própria prática. Consideramos que o professor deve ser, também, agente de sua prática.

Para isso, percebemos ser necessário que os professores assumam uma posição investigativa, que lhes proporcione maior conhecimento sobre os assuntos que os afligem e, com isso, descubram formas para avançar sobre tais dificuldades.

Segundo Oliveira (2002), essa ideia de professor-investigador foi primeiramente discutida por John Dewey nos anos 1930 e, logo após, na década de 1960, e de modo mais consistente e claro, por Stenhouse. A popularização do conceito de professor-investigador provém da Grã-Bretanha, em um dos seus movimentos de reforma curricular.

Stenhouse advoga por uma "ciência educativa em que cada sala de aula é um laboratório e cada professor um membro da comunidade científica" (Stenhouse, citado por Alarcão, 2001, p. 25). Tal afirmação vem em defesa da necessidade de uma maior democratização da investigação, estendendo-a aos professores, que possuem um vasto campo de pesquisa a ser "destrinchado".

Conforme esclarece Oliveira (2002), uma vez que o professor se encontre em uma nova postura, assume o seu papel de pensador, de investigador e até, em alguns casos, de crítico e teórico em matérias educativas e sociais, contestando a concepção de que o professor seria um "técnico, consumidor, receptor, transmissor e implementador do conhecimento de outras pessoas" (Cochran-Smith; Lytle, 1999, p. 16, citado por Oliveira, 2002).

A principal diferença existente entre a investigação formal e a investigação da própria prática é, de acordo com Richardson, que enquanto esta "é conduzida na vida de trabalho diário com o fito de melhorar", aquela pensa em uma contribuição "para o alargamento do conhecimento de base da comunidade" (Richardson, 1994, p. 7).

A pesquisa sobre a própria prática, diferentemente do que possa parecer, produz conhecimentos. Porém, estes estão mais diretamente relacionados às necessidades da prática dos professores no dia a dia.

Segundo Ponte (2003, p. 1), existem alguns mitos que circundam o campo da investigação. Seriam eles:

~ investigar exige o domínio e o uso de metodologias sofisticadas, requerendo muitos recursos especiais e uma longa preparação prévia;

~ investigar é algo reservado aos grupos de pesquisa, que são, necessariamente, formados por "pesquisadores profissionais";

~ ensinar e investigar são atividades contraditórias e, se feitas em concomitância, atrapalham uma a outra.

Porém, aqui não estamos nos referindo às investigações segundo o foco acadêmico, com todo o rigor que a academia exige, mas, sim, a uma investigação voltada aos problemas práticos do professor no seu dia a dia.

É claro que, quanto maior for o rigor imposto pelo professor na sua investigação, mais confiáveis serão os seus resultados. Esse rigor pode ser conseguido com uma boa delimitação do problema a ser estudado, elaboração de questões de investigação bem definidas e claras, e atenção aos detalhes no desenvolvimento da investigação, de forma a não perder informações que poderiam trazer revelações importantes no desenrolar da investigação. Segundo Ponte, "é natural assumir que se um trabalho se limita a reproduzir o que já existe, não trazendo nada de novo, poderá ser um útil 'exercício', mas não será propriamente uma investigação" (Ponte, 2003, p. 9). Ele ainda argumenta que esse **novo** é relativo, pois, se um professor se preocupa em resolver um problema já resolvido por outro, mas de que ele não tenha conhecimento, e se de fato o resolve, terá seguramente feito um trabalho de investigação. No entanto, é bom observar que, na investigação da própria prática, de acordo com Santos, não se espera tanto "a resolução definitiva do problema, mas antes um processo cíclico de resoluções parciais e de reformulações do problema de partida" (Santos, 2000, p. 683).

Também acreditamos que é possível aprender a pesquisar quando se exercita tal atividade. A investigação não estaria reservada apenas a alguns pesquisadores profissionais, os quais certamente desenvolveram a habilidade de pesquisar pesquisando. Além disso, não são poucos os professores que desenvolvem pesquisas sobre a sua prática docente em concomitância com ela, o que prova que essas duas atividades podem sim estar juntas.

Obviamente, será preciso que o professor tenha ou desenvolva apetite à investigação e que busque, a cada dia, aperfeiçoar-se na arte de encontrar problemas e elaborar perguntas em relação à sua prática. É preciso desenvolver a capacidade de fixar a atenção em algo e **reparar**, termo muito utilizado por Mason, que afirma ser necessário que o ato se torne "uma atividade intencional, uma abordagem disciplinada e prática à inquirição e à investigação" (Mason, 2002, p. 30).

É importante ressaltar que, à medida que o professor passa a se envolver com esse fixar a atenção em algo, com o **reparar**, e insiste mais e mais nessa tarefa, alguns aspectos da sua prática, que antes pareciam perfeitamente satisfatórios, começam a se mostrar problemáticos. Segundo Mason (2002, p. 220), "a autoestima e a confiança pessoal crescem, ao passo que a certeza se evapora e as questões se tornam mais comuns que as respostas".

Pesquisar a sua prática profissional exige do docente ainda outras atitudes, e uma delas é a vontade. É preciso que o professor tenha desejo de mudança e, acreditamos, os professores que estão lendo este texto agora possuem essa vontade. Outra atitude importante é a percepção de que pode haver falhas na sua prática e que estas precisam ser identificadas e sanadas. Isso leva o professor a buscar mudanças no seu comportamento, as quais o permitirão inovar a cada dia.

Assim, a investigação da própria prática surge como uma forma de colocar os problemas relacionados ao processo de ensino e aprendizagem em foco, mostrando-se fundamental para o aperfeiçoamento e desenvolvimento profissional dos professores.

Alarcão (2001, p. 5) afirma não conceber um professor que não seja questionador sobre as suas decisões educativas ou sobre o insucesso dos seus alunos. Concordamos com essa pesquisadora por acreditarmos que é bastante clara a necessidade de o professor mergulhar no mundo da escola e passar a observar criteriosamente os acontecimentos gerais nesse mundo. Há muitos aspectos a serem focados quando se fala em observar criteriosamente os elementos que compõem o mundo da escola. Somente para exemplificar, apontamos a seguir alguns desses aspectos, a saber:

~ os alunos;
~ o livro didático adotado pela escola;
~ o currículo vigente;
~ os planos de aula;
~ a influência da participação dos pais;
~ a prática pedagógica de cada professor.

O estudo desses e de outros aspectos, bem como das suas variantes, pode trazer surpreendentes revelações acerca das particularidades que circundam cada escola. É imprescindível que o professor tenha em conta essa possibilidade e busque sempre, por meio da investigação, informações que o ajudem a compreender o entorno do seu campo de trabalho, identificar problemas e buscar, pela experimentação, estratégias para a solução.

Ponte apresenta alguns argumentos que, segundo ele, seriam grandes razões para que os professores façam pesquisas sobre a própria prática. Seriam eles:

> *[a] para se assumirem como autênticos protagonistas no campo curricular e profissional, tendo mais meios para enfrentar os problemas emergentes dessa mesma prática; [b] como modo privilegiado de desenvolvimento profissional e organizacional; [c] para contribuírem para a construção de um patrimônio de cultura e conhecimento dos professores como grupo profissional; [d] e como contribuição para o conhecimento mais geral sobre os problemas educativos.* (Ponte, 2002, p. 3)

De fato, mostra-se necessário, para que haja o desenvolvimento curricular, aqui considerado como um processo, que a separação entre o ensino e a pesquisa deixe de existir, afinal, como afirma Pereira (1998, p. 168), "a separação entre ensino e pesquisa implica uma separação entre ensino e desenvolvimento de currículo".

Ao falar em desenvolvimento profissional, acreditamos que, quando o professor se propõe a questionar e observar criteriosamente a sua prática, os problemas começam a tomar forma e que, ao buscar por meio de estudos responder às questões levantadas, o professor avança e vai se construindo como educador, indo ao encontro de uma identidade profissional.

Ao pesquisarem sobre a prática, os professores também constroem um corpo de conhecimentos locais, ou seja, relacionado a uma unidade – uma escola, um currículo, uma classe, um aluno, entre outras. Esses conhecimentos, que constituem o que chamamos de *corpo*, podem e devem ser compartilhados entre os professores ou entre os elementos que fazem parte da unidade em foco, para que todos possam tirar proveito desses trabalhos. É provável que os resultados de investigações dos colegas venham, além de contribuir de uma forma geral para o crescimento de todos os envolvidos, mostrar possíveis novos rumos e novas necessidades de outras investigações, que, ao serem conduzidas e desenvolvidas, gerarão novos conhecimentos, que serão agregados ao todo, produzindo novas dúvidas e promovendo o movimento cíclico de todo o processo descrito.

Uma das condições colocadas por Beillerot (2002, p. 71-90) para que uma atividade seja considerada pesquisa é a publicação dos seus resultados, a qual deve abranger desde as conversas informais com outros professores próximos daquele que realizou a investigação até as apresentações em congressos ou publicações em livros e revistas. Ao se tornarem públicos, os conhecimentos desenvolvidos na investigação passam a constituir um corpo ainda maior, que seria o corpo de conhecimentos de uma categoria de profissionais.

Obviamente, deixamos de considerar aqui muitas variáveis, como, por exemplo, empecilhos que provavelmente surgirão devido à movimentação que o processo de investigação ocasiona nos locais onde se desenvolve, como, por exemplo, falta de tempo do professor, falta de apoio de colegas ou superiores, na escola e fora dela, carência de livros para uma melhor fundamentação teórica, entre outros. Porém, a persistência será sempre o diferencial para o sucesso do trabalho de investigação. É importante também que o professor esteja engajado politicamente para que possa ganhar voz diante das secretarias de educação, em busca de negociar melhor as cargas horárias de trabalho, reivindicando um determinado número de horas para se dedicar à investigação.

À medida que os professores insistem na tarefa de investigar a sua prática e preocupam-se com a definição de parâmetros para o desenvolvimento de investigações mais rigorosas, estarão construindo um corpo de conhecimentos cada vez mais confiáveis. Afinal, quem tem maior contato e conhecimento dos problemas relacionados ao ensino de Matemática são os próprios professores, que lidam no seu dia a dia com essa prática.

4.2 Como investigar a própria prática?

A realização de uma investigação da própria prática segue, normalmente, uma sequência de etapas semelhantes às da pesquisa acadêmica. De acordo com Ponte (2002, p. 12), esses momentos seriam quatro, a saber: "a formulação do problema ou das questões do estudo; a recolha de elementos que permitam responder a esse problema; a interpretação da informação recolhida com vista a tirar conclusões; e a divulgação dos resultados e conclusões obtidas".

O assunto escolhido para a investigação deve ser de pleno interesse do professor envolvido. Sem que este esteja realmente curioso e disposto a observar com atenção, dificilmente conseguirá desenvolver uma investigação.

As questões de estudo, especialmente, devem ser muito bem formuladas. Há de se considerar que é difícil responder a uma questão que não se compreende bem, e a não compreensão da questão levantada pode provocar o desânimo do investigador que não consegue uma resposta satisfatória. Ter em mente o problema de investigação bem definido é fundamental para que o professor-investigador siga sempre norteado em busca de solução. Ainda ressaltamos que uma questão proposta por um investigador precisa ser susceptível de resposta, obviamente, consideradas as possibilidades disponíveis. Questões muito complexas ou demasiadamente irrelevantes podem provocar o desinteresse do investigador, tirando-lhe a motivação para levar a investigação a cabo.

A questão levantada pelo professor investigador será a guia da investigação. Para chegar a uma resposta, ele terá que buscar informações que lhe permitam chegar aos elementos que constituirão essa resposta. Essa é a fase em que ele faz um apanhado teórico, observa, anota, entrevista, questiona, analisa documentos, enfim, levanta dados. Tais dados precisam ser recolhidos com o maior cuidado e rigor possível, pois uma alteração mínima neles pode acarretar uma grande alteração nos resultados finais.

Uma vez que os dados estiverem recolhidos, precisam passar por uma organização, de forma a facilitar o seu entendimento, o qual irá gerar os resultados finais da investigação. Normalmente, os dados são organizados em tabelas, gráficos e planilhas, que podem ser elaborados utilizando alguns recursos computacionais de tabulação. O investigador buscará, nos dados que levantou ou coletou, elementos que possam trazer esclarecimentos quanto à solução para sua questão.

Finalmente, após todo o processo da investigação, o professor-investigador deve divulgar os resultados para que outros professores tenham acesso a essas informações. Isso pode acontecer, como já dissemos anteriormente, por meio de conversas formais com os colegas ou em um momento no conselho de classe, como também pode avançar até uma publicação impressa.

Ressaltamos, porém, que não se trata de um processo engessado e incapaz de ser modificado ou com fases completamente distintas. Ponte (2002, p. 19) afirma que "os diversos momentos de uma investigação podem interpenetrar-se profundamente", o que permite a reformulação do problema ou da questão a ser respondida, permitindo ao investigador readaptar a investigação aos objetivos que realmente o interessam.

4.3 A prática como fonte de conhecimento

Um assunto presente nas discussões acerca da investigação da própria prática desenvolvida por professores é: até que ponto essa modalidade de pesquisa gera conhecimentos novos?

O pesquisador português João Pedro da Ponte defende que "a investigação é um processo privilegiado de construção do conhecimento. A investigação sobre a prática é, por consequência, um processo fundamental de construção do conhecimento sobre essa mesma prática" (Ponte, 2002, p. 6). De acordo com as palavras do pesquisador, novos conhecimentos são produzidos pelos professores nas investigações sobre suas próprias práticas, e estes são relacionados a essa mesma prática, sendo alicerçados no contexto do próprio investigador e, portanto, úteis a ele.

Apesar de aceitarmos que há diferenças entre a investigação sobre a prática e a investigação profissional, conforme indicado anteriormente, estas não devem ser vistas como oponentes, pois ambas têm a contribuir. Por exemplo, um professor que se envolve com a pesquisa da sua prática acaba por desenvolver algumas habilidades para a pesquisa, que facilitariam bastante o seu desenvolvimento, em um momento posterior, ao buscar uma formação em *lato* ou *stricto sensu*, assim como uma pesquisa acadêmica poderia utilizar dados obtidos em uma pesquisa sobre a prática profissional.

4.4 Exemplo de aplicação

Vamos apresentar agora uma investigação da prática docente de um caso fictício. Uma professora que buscou entender as dificuldades de um aluno, na 3ª série do ensino fundamental, voltadas ao aprendizado de um algoritmo. Esse exemplo mostra que muitas vezes o diálogo baseado nos registros do aluno permite ao professor compreender o que ele aprendeu ou não.

A professora, que vamos chamar aqui de *Marluce*, chegou a uma determinada escola após ser aprovada em um concurso e ficou incumbida de trabalhar com uma turma de 3ª série do ensino fundamental. Ela não havia tido nenhum contato com tais alunos até o momento, porém, sua aceitação perante eles foi muito boa.

Com o passar dos dias, a professora Marluce foi percebendo que um determinado aluno, que chamaremos de *Gabriel*, errava muitos dos cálculos ao utilizar o algoritmo da subtração. Isso chamou a atenção de Marluce, que começou a observar melhor os registros de Gabriel. Assim, ela percebeu que o aluno fazia elevações na hora de resolver o cálculo. Como, apesar disso, não chegava a uma solução para o problema que encontrara, decidiu instaurar uma investigação mais "vigiada", com o objetivo de determinar regularidades nos erros cometidos pelo aluno.

A professora resolveu então delinear uma investigação em torno dos problemas que o aluno Gabriel apresentava, quanto à resolução de cálculos envolvendo o algoritmo da subtração.

Ela elaborou, para isso, as seguintes questões norteadoras:

a. O aluno sabe o que significa subtrair?
b. Existe alguma regularidade nos cálculos de subtração que o aluno consegue acertar?
c. Existe alguma regularidade nos cálculos de subtração que o aluno normalmente erra?
d. O aluno tem dificuldades em estimar valores em cálculos mentais, envolvendo adições e subtrações?
e. Se há regularidade nos erros cometidos pelo aluno, o que tem causado esses erros?

A professora acreditava que, se conseguisse responder a essas perguntas, teria sucesso em descobrir as possíveis causas dos erros cometidos pelo aluno.

Logo no início, Marluce chamou Gabriel e conversou com ele sobre o que pretendia fazer e explicou que essa tarefa visava ajudá-lo a superar sua dificuldade.

Combinaram que ele devia fazer os cálculos propostos pela professora em uma folha separada para que ela pudesse levá-los para casa, a fim de analisá-los com mais tranquilidade e tempo.

Primeiramente, Marluce buscou a resposta para a sua primeira questão: "O aluno sabe o que significa subtrair?"

Para tal, propôs o exercício que se apresenta a seguir.

> Marque as sentenças que apresentam alguma ideia de subtração:
> ~ Quando a minha mãe pega uma lata de alumínio que fica na prateleira e retira dela três copos de arroz, em uma hora, no máximo, estaremos saboreando um belo almoço.
> ~ Lá em casa colocamos bananas para os pássaros comerem. É incrível, mas eles devoram pelo menos cinco delas por dia.
> ~ Até ontem eu tinha uma dúzia de bolinhas de gude, porém, depois de jogar com o Paulinho, fiquei com, pelo menos, o dobro.
> ~ Meu pai me deu R$ 20,00. Comprei um livro de histórias indígenas e o dinheiro foi quase todo.
> ~ Quando cai a noite, os pássaros vão chegando às árvores, que são os seus dormitórios. De manhã, um a um, eles vão saindo em busca de um bom café da manhã.
> ~ Ganhei um carretel quase cheio de linha, agora minha pipa vai subir ainda mais alto.

Foi uma boa surpresa para Marluce perceber que Gabriel acertou todas as questões e mostrou-se bem à vontade nas discussões que ela desenvolveu com a turma sobre o exercício.

Ela considerou a primeira questão respondida. O aluno sabia o que significava subtrair.

Em seguida, ela partiu em busca de respostas para a segunda e a terceira questões. Para tanto, trouxe uma pequena lista de exercícios para os alunos resolverem.

> **Arme e efetue as subtrações:**
>
> 83 − 31 =   234 − 121 =
> 54 − 20 =   489 − 654 =
> 34 − 19 =   421 − 253 =
> 55 − 28 =   632 − 155 =

A professora pediu o caderno de Gabriel e o levou consigo para casa para estudar as resoluções propostas por ele[*].

As primeiras quatro contas envolvem apenas unidades e dezenas, com e sem reserva, sendo, relativamente, simples:

```
       Arme e efetue as subtrações:

    a)  83          b)  54
       -31             -20
       ───             ───
        52              34

    c)  1³4         d)  1⁴5 5
       - 19            - 2 8
       ────           ─────
         05              07
```

Os quatro últimos cálculos eram com números envolvendo unidades, dezenas e centenas, também com e sem reserva.

---

[*] A seguir, expomos algumas imagens do caderno do aluno, que mostram a forma como ele resolveu cada uma das contas.

```
e)  234              f)  489
   -121                 -121
   ─────               ─────
    113                 368


       2 1                 5 2
g)  4̶2̶1̶              h)  6̶3̶2̶
   -253                 -155
   ─────               ─────
    068                 067
```

Logo, Marluce conseguiu entender que havia alguns cálculos que o aluno sempre acertava e outros que ele sempre errava, respondendo à segunda e à terceira questões da investigação que ela havia elaborado. Observou que, sempre que o cálculo exigia reserva, Gabriel errava, e esses erros também possibilitaram que ela suspeitasse da resposta à sua quarta questão. Ao perguntar ao aluno se ele achava que algum dos seus cálculos não estava certo, ele respondia que acreditava que estavam todos certos. Ela entendeu que Gabriel não percebia os erros, concluindo que ele apresentava dificuldades em fazer estimativas em cálculos mentais.

Podemos perceber que, ao responder a algumas perguntas periféricas, Marluce estava tentando especificar o problema, buscando eliminar todas as interferências. Ela também já sabia, por exemplo, que os problemas de Gabriel quanto à utilização do algoritmo da subtração estavam ligados aos cálculos que exigiam reserva.

Restava agora buscar a resposta para a última questão dessa investigação: "Se havia regularidades nos erros cometidos pelo aluno, o que teria causado esses erros?".

A professora acreditava que havia regularidades nos erros cometidos pelo aluno por considerar que, aparentemente, ele utilizava algum tipo de estratégia para fazer os cálculos, pois parecia seguir sempre o mesmo caminho, nunca apagando o que havia feito e sempre com desenhos semelhantes.

Ela começou a estudar as elevações que o aluno fazia e os números que ele inseria no cálculo:

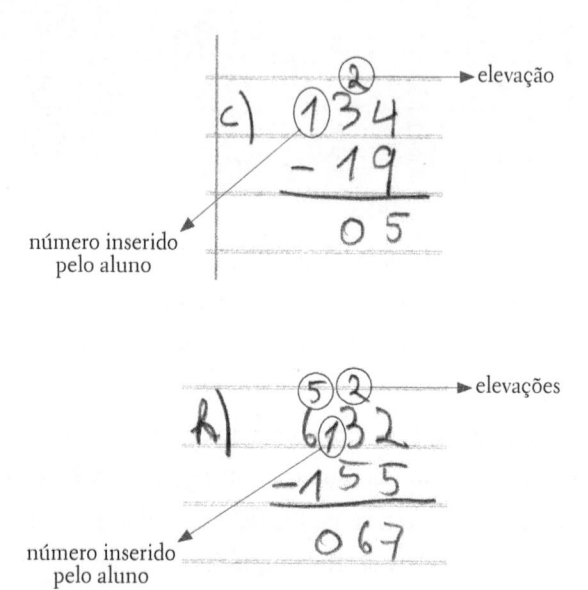

```
c)  1 ③ 4          ← elevação
   - 1 9
     0 5
```
número inserido pelo aluno

```
A)  ⑤ ②
    6 ① 2          ← elevações
   -1 5 5
    0 6 7
```
número inserido pelo aluno

Depois disso, Marluce chamou Gabriel para conversar e pediu para ele que explicasse como desenvolvia o cálculo. Embora tenha tentado, ele não conseguiu dizer à professora como fazia e apenas repetiu o mesmo cálculo, chegando ao mesmo resultado. Ela pediu então que ele falasse o que estava fazendo, mas o aluno não conseguia falar enquanto fazia, repetindo o cálculo mais uma vez e chegando, novamente, ao mesmo resultado.

Nesse ínterim, Marluce começou a trabalhar estimativa e cálculo mental com os alunos, pois já descobrira que esse era um dos problemas de Gabriel. Ela continuava estudando os cálculos de Gabriel para tentar desvendar quais eram as suas dificuldades e que caminhos seguia ao desenvolver os cálculos.

Devido a essa persistência, começou a perceber algo que poderia ter relação com a resposta que procurava. Ela lembrou que os alunos costumavam falar em "tomar emprestado" na hora de algumas subtrações. Notou logo que Gabriel, ao se deparar com uma situação na qual não conseguia subtrair um número maior de um menor, "tomava emprestado" com o algarismo à sua esquerda, porém, não reagrupava apenas uma dezena ou uma centena, e, sim, unia ao algarismo da esquerda formando um número de dois algarismos, do qual subtraía apenas a unidade do subtraendo. Expomos a seguir o que Marluce entendeu que o aluno estava fazendo.

$$d)\ 1\overset{4}{5}5 \longrightarrow \text{o aluno une esses algarismos formando o número 55}$$
$$-28$$
$$\overline{07}$$

No exemplo, como ele não conseguia subtrair 8 de 5, uniu o algarismo da casa das dezenas, fazendo 55 − 8 = 47, e elevou o 4 acima do 5 na casa das dezenas. Logo, Marluce também imaginou que o 1 que aparece em tamanho menor, à frente do 5 da casa das dezenas, poderia ser resultado de uma possível subtração que o aluno fazia, a saber: 5 − 4 = 1.

Esse foi um avanço na investigação da professora Marluce, pois ela começava a entender a forma como o aluno Gabriel processava um cálculo dessa natureza, percebendo que ele não havia entendido exatamente como e por que reagrupar. Faltava para o aluno a clareza do que ele estava fazendo ao "tomar emprestado" para obter um número maior.

Porém, faltava ainda compreender a origem do zero que o aluno encontrava como resto ao efetuar a subtração entre os números da casa das dezenas.

Ao analisar o cálculo a seguir, ela pôde perceber o mesmo encaminhamento, conforme apresentado a seguir:

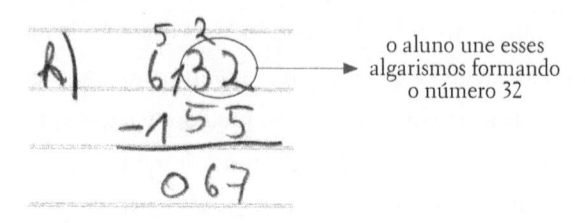

$$A)\ 6\overset{5}{\cancel{3}}\overset{2}{\cancel{2}} \\ -1\ 5\ 5 \\ \overline{0\ 6\ 7}$$

→ o aluno une esses algarismos formando o número 32

A professora observou que ele agrupou o algarismo da unidade com o da dezena e formou um número, e subtraiu a unidade desse número, obtendo o seguinte cálculo: 32 − 5 = 27, e elevou o 2 acima do 3 na casa das dezenas. Em seguida, ele parece subtrair o 2 do 3, alcançando como resto o 1, que aparece em tamanho menor frente ao 3.

A seguir, ilustramos o novo agrupamento que Gabriel faz para alcançar um número do qual poderia subtrair o 5 da casa das dezenas.

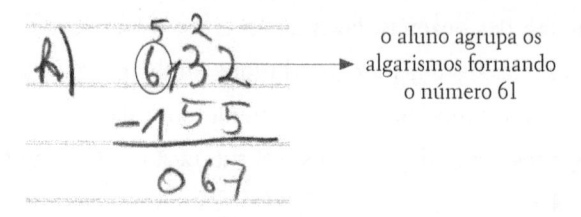

$$A)\ \cancel{6}\overset{5}{\cancel{3}}\overset{2}{\cancel{2}} \\ -1\ 5\ 5 \\ \overline{0\ 6\ 7}$$

→ o aluno agrupa os algarismos formando o número 61

Após resolver a subtração 61 − 5 = 56, Gabriel eleva o 5 acima do 6 na casa das centenas.

Restava agora encontrar a razão pela qual o primeiro algarismo do resto, nas contas do aluno, sempre resultava em zero.

Finalmente, ela conseguiu perceber que o aluno chegava à última parte da subtração e não tinha mais onde buscar um outro algarismo para agrupar ao que já possuía. Então, ele simplesmente subtraía o número que sobrava no minuendo do número correspondente à mesma casa decimal no subtraendo. Na figura seguinte, podemos observar a forma como Marluce imaginava que Gabriel fazia a última parte dos seus cálculos.

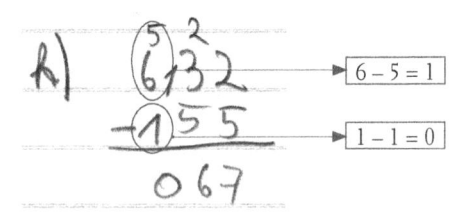

$$a)\ \ 6\overset{5\ \ 2}{\cancel{3}\cancel{2}} \longrightarrow \boxed{6-5=1}$$
$$-\ \underline{1\ 5\ 5} \longrightarrow \boxed{1-1=0}$$
$$0\ 6\ 7$$

No caso do cálculo a seguir, a professora concluiu que, ao se deparar com uma situação na qual deveria subtrair um número maior de um menor, o aluno, não sabendo o que fazer, atribuía zero à resposta.

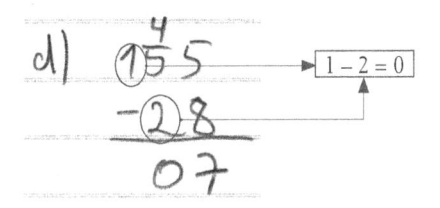

$$d)\ \ 1\overset{4}{\cancel{5}}\ 5 \longrightarrow \boxed{1-2=0}$$
$$-\ \underline{2\ 8}$$
$$0\ 7$$

Podemos notar que, pelo fato de o aluno não ter contato com outros conjuntos numéricos nos quais tal operação seria possível, ele atribuía zero à resposta, dando o cálculo como certo.

Após acreditar ter entendido o que Gabriel estava fazendo, Marluce convidou o aluno a desenvolver um cálculo juntamente com ela, corroborando assim o que suspeitava. Era exatamente daquela forma que ele desenvolvia seus cálculos, e agia assim por, provavelmente, não compreender como lidar com o reagrupamento. Essa foi a última prova buscada pela investigadora para responder ao seu questionamento final. Ela acabava de descobrir a causa dos erros do aluno.

Para solucionar o problema, a professora decidiu trabalhar com o ábaco e com o material dourado para levar o aluno a perceber o que significava o que eles chamavam de "*tomar emprestado*", mostrando, inclusive, que tal terminação não condiz com a verdade, pois, quando se toma emprestado, normalmente se devolve, e nesse caso não se configura a devolução.

Depois de desvendados os pormenores do seu problema, a professora investigadora apresentou aos seus colegas professores do núcleo de educação da sua região os resultados da sua bem-sucedida investigação. Tal atitude provavelmente impulsionou muitos colegas a buscarem soluções para problemas de suas práticas por meio desse mesmo método de investigação.

Com esse texto, buscamos apresentar aos colegas professores, nossos leitores, uma forma bastante especial de evolução profissional de grande valia.

Síntese

Neste capítulo, discutimos o que é uma investigação da própria prática e como deve se portar um professor que queira realizá-la. Argumentamos, e nos apoiamos em argumentos de outros pesquisadores, para mostrar de que forma essa prática pode vir a contribuir para o desenvolvimento profissional e a melhoria das atividades do professor. Ainda quisemos, como em vários outros momentos neste livro, exemplificar um caso prático, descrevendo a investigação de uma professora quanto aos problemas de aprendizagem de um aluno em relação ao algoritmo da subtração.

Esperamos que este capítulo possa contribuir para o empenho do professor em uma mudança de postura quanto à sua prática profissional.

Que possa ser útil no sentido de levar nossos colegas a vencer, de forma ainda mais notável, a inércia de repouso que insiste em nos rodear.

Indicações culturais

O Espelho Tem Duas Faces. Direção de Barbra Streisand, EUA, 1996. 126 min.
   É uma comédia romântica de 1996, com Barbra Streisand e Jeff Bridges. Mostra a mudança de postura de um professor de Matemática.

Atividades de Autoavaliação

Nas questões de 1 a 6, marque a alternativa que melhor responde a cada questão.

1. O texto afirma que são muitas as dificuldades que o professor encontra no desenvolvimento da sua prática profissional. Baseado nos problemas que relacionamos e na sua própria experiência prática, assinale a alternativa que **não** corresponde a uma atitude condizente com um educador:
   a) A leitura de livros, apesar do custo destes, traz muitos benefícios à prática do professor em sala de aula.
   b) Os professores de uma escola estadual se reuniram em extraturno e desenvolveram um plano pedagógico para a escola.
   c) Os professores de Matemática escolheram um determinado livro didático que o MEC oferece às instituições de ensino, por considerarem que tal livro traz tudo que os alunos de cada série precisam saber, tornando o seu trabalho um pouco menos cansativo.
   d) O professor de Matemática decidiu avaliar os alunos por meio de alguns projetos dos quais os alunos estariam participando, os quais desenvolveram em grupos algumas atividades extras e apresentaram-nas aos colegas no final do bimestre.

2. Alguns mitos conhecidos no meio educacional são responsáveis, em grande parte, pela desconfiança dos professores do ensino básico no que se refere à investigação. Das alternativas a seguir, qual **não** se configura como um desses mitos?

   a) A falta de recursos e a ausência de uma longa preparação prévia, inclusive no que diz respeito ao domínio de metodologias extremamente complexas, excluem qualquer chance de um professor desenvolver algum tipo de investigação.

   b) Por não fazerem parte de um grupo de pesquisa e não serem pesquisadores profissionais, os professores não terão sucesso na tentativa de desenvolver algum tipo de investigação, mesmo sabendo que eles têm um imenso campo a pesquisar, que seria a escola onde cada um leciona.

   c) Por não ter uma boa formação voltada à investigação, o professor tem dificuldades em encarar essa tarefa, não se sentindo à vontade para tal. Porém, tornar-se investigador exige, sim, muita dedicação, muitas leituras, mas principalmente iniciativa.

   d) Ensinar exige dedicação, e o tempo perdido com as preocupações de uma investigação é precioso demais. Enfim, ensinar e investigar são tarefas bastante diferentes e excludentes entre si.

3. Ao se envolver com a investigação da sua prática, o professor percebe algumas situações que antes não eram perceptíveis. Alguns aspectos, antes considerados satisfatórios, agora se mostram problemáticos. Das alternativas a seguir, qual **não** representa um desses aspectos?

   a) Diminuição da autoestima e suspeita de incapacidade de lidar diante de tais situações.

   b) Falta de certeza diante de determinadas situações que antes pareciam estar resolvidas, mas que entretanto deixam mais claras suas ideias a respeito do ensino.

c) Muitas indagações surgem e, quando se pensa estar próximo a uma resposta, surgem novas questões.

d) As respostas, alcançadas com as investigações, permitem que novas possibilidades de pesquisa possam ser vislumbradas.

4. Ao se propor a investigar, o professor precisa de um elemento essencial que serve como um dos principais impulsionadores da sua investigação. Estamos aqui nos referindo à(ao):
   a) certeza de que vai conseguir desenvolver um bom trabalho.
   b) necessidade de encontrar respostas às suas inquietações.
   c) bom funcionamento do seu local de trabalho e um bom desenvolvimento dos seus alunos no que diz respeito à aprendizagem.
   d) dedicação exclusiva à investigação.

5. Segundo o pesquisador português João Pedro da Ponte, existem alguns motivos para que o professor pesquise a sua prática. Das alternativas seguintes, qual **não** configura um desses motivos?
   a) O professor se torna sujeito do seu desenvolvimento profissional.
   b) O professor contribuirá para a produção do conhecimento e para solucionar os problemas educativos.
   c) O professor contribui para a eliminação de todos os problemas da escola.
   d) Os professores estarão contribuindo para a construção de um corpo de cultura e conhecimento deles próprios, como grupo profissional.

6. Um professor de Matemática percebe que um dos seus alunos não tem se desenvolvido bem nas atividades ligadas às operações com frações. Então ele decide fazer uma investigação sobre essa situação para tentar descobrir uma forma de sanar esse problema. Para isso, elabora a seguinte questão a ser investigada: "Por que os alunos têm

tanta dificuldade em lidar com frações e por que esse conteúdo faz parte do currículo de Matemática nas séries iniciais?". Sobre o desenvolvimento dessa investigação, podemos afirmar que a alternativa **errada** é:

a) A pergunta de pesquisa é demasiadamente abrangente e exige um estudo aprofundado de história dos currículos de Matemática, sem contar com um bom apanhado sobre as teorias de cognição. O professor-investigador terá muitas dificuldades para levá-la a cabo, e isso pode causar um esfriamento do professor em relação à investigação, desistindo de concluí-la.

b) O problema é interessante, pois muitos alunos têm dificuldades ao tratar com esse conteúdo, e os resultados de uma investigação sobre o ensino e aprendizagem de frações serão muito importantes, tanto para o patrimônio da escola, quanto para os professores de uma forma geral.

c) É um trabalho de investigação interessante que será levado a cabo em poucos dias, pois rapidamente o professor encontrará as causas desse problema e, consequentemente, a sua solução.

d) O fato de o professor detectar uma dificuldade do aluno e se prontificar a fazer uma investigação sobre tal dificuldade já é um demonstrativo de que ele está, de fato, envolvido com a escola e com a educação, e tem preocupações no que se refere à Educação Matemática dos seus alunos.

7. Assinale V para as sentenças que entender como verdadeiras e F para aquelas que acreditar serem falsas:

( ) Uma das formas mais eficazes e rápidas para que os professores alcancem melhores salários e um maior reconhecimento está justamente na sua capacidade profissional. É necessário perceber que não haverá melhoras salariais sem que se forme um indivíduo mais atuante na sociedade.

(   ) Cursos de curta duração são melhores, pois os professores já estão, normalmente, cansados da correria do dia a dia e precisam descansar nos poucos momentos em que têm folga. Cursos de longa duração são maçantes e não possuem objetividade, além de custarem uma fortuna aos cofres públicos. Cada um que cuide da sua formação da maneira que achar mais adequado.

(   ) Um aluno que não tem facilidade na aprendizagem de Matemática pode ser observado por dois ângulos diferentes: pode ser considerado um grande problema para o seu professor e um atraso para a turma ou uma excelente oportunidade para que o professor faça um estudo sistematizado, visando desvendar o que tem causado tais problemas para esse aluno.

(   ) Muitos professores se preocupam em excesso com as dificuldades que os alunos têm encontrado no que diz respeito à aprendizagem da Matemática. É natural se esperar que alguns alunos não deem conta do aprendizado dessa disciplina, afinal, a matemática é, por si só, um mecanismo de seleção. Prova disso, que a maioria dos concursos públicos apresenta uma prova de Matemática, que visa justamente à seleção dos melhores.

(   ) Quando Stenhouse advoga por uma ciência educativa em que cada sala de aula é um laboratório e cada professor um membro da comunidade científica, ele quer dizer que todos os professores deveriam ser pesquisadores.

(   ) A principal diferença entre a investigação da própria prática e a investigação profissional é que a primeira não está nem um pouco preocupada com o rigor que envolve uma investigação, além de ser feita por professores que visam apenas conhecer algumas questões mais simples sobre a sua prática, enquanto a segunda visa o alargamento do conhecimento de base da comunidade científica.

( ) Em uma investigação da própria prática, não se espera tanto resolver definitivamente um problema, mas desencadear um processo cíclico de resoluções parciais e de reformulações do problema de partida.

( ) Elaborar questões de investigação claras e plausíveis é uma atividade que exige persistência. Dificilmente se consegue uma boa questão logo na primeira tentativa. Porém, à medida que novas pesquisas vão sendo desenvolvidas, tal tarefa se torna mais comum e o investigador a desenvolve com maior facilidade.

( ) As investigações realizadas pelos professores sobre suas práticas profissionais vêm contribuir, ao serem publicadas ou comunicadas, para a construção de um patrimônio de conhecimentos relacionados à unidade em foco.

( ) Um dos fatores determinantes para que haja sucesso em uma investigação da própria prática é que o professor esteja investigando algo que realmente faça sentido para ele, ou seja, deve buscar resposta para algo que realmente ele queira saber.

Atividades de Aprendizagem

Questões para Reflexão

1. Descreva aqui três situações que você entende que poderiam gerar boas questões para uma investigação da própria prática.

2. Descreva aqui as questões de investigação que você elaboraria em cada uma das três situações que propôs anteriormente.

Atividade Aplicada: Prática

Escolha uma das situações que propôs anteriormente, ou uma outra se preferir, e tente desenvolver uma investigação relacionada à sua prática, mesmo que de curta duração. Depois disso, relate todo o processo até os resultados finais encontrados, na forma de um pequeno artigo (o número de páginas será decidido por você).

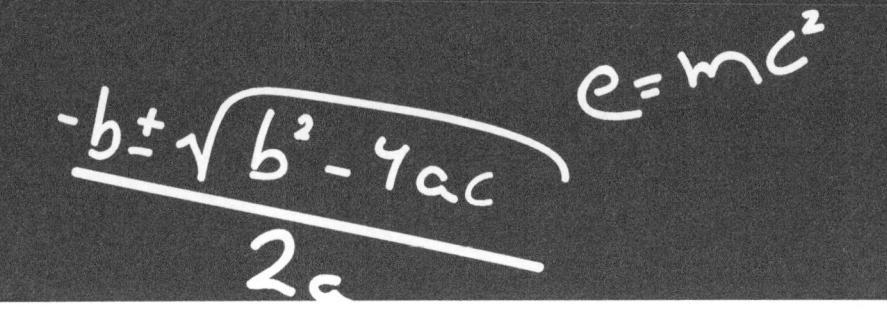

Considerações finais

Embora muitos estudiosos, como o alemão Felix Klein, já venham discutindo sobre melhoramentos no ensino de Matemática, especialmente desde o início do século passado, ainda é novidade para muitos de nós a expressão *Educação Matemática*.

Ainda é muito tímida a manifestação dos pesquisadores que sustentam as principais linhas e tendências metodológicas na Educação Matemática brasileira. Mas, especialmente nos últimos anos, com o *boom* das tecnologias de informação e comunicação, muitos professores acabaram conhecendo sobre esse campo de pesquisa em algum texto ou *site* disponível na internet.

Uma de nossas intenções com este livro foi apresentar uma breve introdução à história da Educação Matemática, incluindo-se aí a trajetória de vários estudiosos que ofereceram contribuições ao ensino da Matemática.

Ao final da leitura deste livro, esperamos que o professor tenha conseguido perceber que, ao discutirmos a Educação Matemática e suas tendências metodológicas, não estamos tratando de mais um modismo na educação, especialmente na matemática. Esperamos que perceba que esse campo de pesquisa é uma manifestação que surge do desejo de melhoria, da percepção e da sensibilidade de alguns matemáticos responsáveis pela gênese desse movimento.

Após situar o professor, nosso leitor, no contexto da Educação Matemática, passamos a apresentar, em relação à aplicabilidade nas salas de aula, o que tem sido desenvolvido pelos que se dedicam à Educação Matemática. Desenvolvemos, mesmo que de forma simplificada (seria preciso pelo menos um livro para discutir cada uma das tendências metodológicas que citamos), um comentário sobre algumas dessas tendências metodológicas e apresentamos alguns exemplos, buscando facilitar a compreensão de como cada uma delas pode ser utilizada na sala de aula.

Tendo situado o professor sobre as possibilidades de se abordar os conteúdos por meio das tendências metodológicas em Educação Matemática, passamos a apresentar ao professor possibilidades para perceber o momento de utilizá-las. Passamos então a discutir sobre pesquisa.

Como nesse momento visamos apresentar a pesquisa e não discutir profundamente tal prática, optamos por tratar os elementos que a constituem. Porém, buscamos abordar o que a compõe, como e por que ela ocorre, e quem está por trás do seu desenvolvimento.

É nesse contexto que ganha força a figura do professor investigador.

Um profissional comprometido com a sua prática, da qual surgem as principais interrogações para as quais ele procura respostas.

O professor cresce ao pesquisar a sua prática, pois, além de se aprimorar profissionalmente, ele contribui de modo efetivo para minimizar as dificuldades de seus alunos, assim como pode encontrar soluções para outros problemas relacionados ao ambiente escolar.

Para exemplificar, no último capítulo descrevemos o desenvolvimento de uma pesquisa que envolve a prática de uma professora do ensino fundamental, a qual se sentia agoniada por perceber que um dos seus alunos não conseguia acertar alguns cálculos de subtração. Uma investigação da prática não necessariamente exige a pesquisa sobre um aluno, pode-se também estudar outros elementos, tais como: uma turma, um livro didático, uma escola, um grupo de professores, o currículo de Matemática vigente na escola e até seu próprio comportamento etc.

Ainda esperamos que este livro venha a trazer ao professor algumas contribuições no sentido de despertar em cada um o desejo de fazer mais, de fazer melhor.

Como dissemos anteriormente, investigar aprende-se investigando. Se você sentir vontade de transformar a sua prática, comece a reparar, a olhar criteriosamente as coisas que vêm acontecendo na escola, especialmente em relação ao ensino e à aprendizagem de Matemática. Rapidamente perceberá o quão necessária é a sua contribuição para a melhoria da Educação Matemática. Afinal, quem melhor que o professor para descobrir problemas na sua prática pedagógica e partir em busca de soluções para eles?

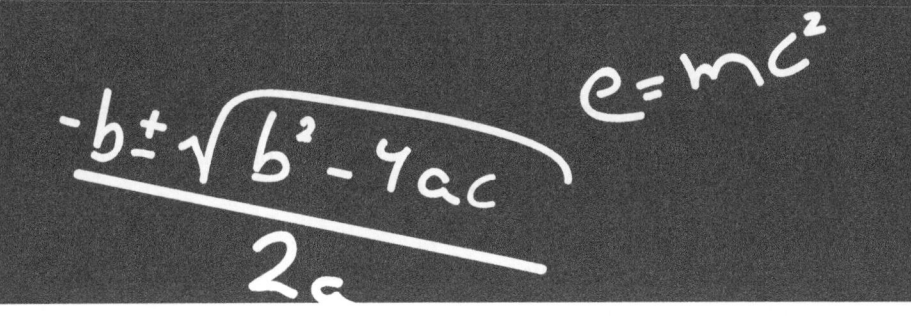

Referências

ALARCÃO, I. Professor-investigador: que sentido? Que formação? **Cadernos de Formação de Professores**. n. 1, p. 21-30, 2001.

ALVES-MAZZOTTI, A. J.; GEWANDSZNAJDER, F. **O método nas ciências naturais e sociais**: pesquisa qualitativa e quantitativa. 2 ed. São Paulo: Thomson, 1999.

BACHELARD, G. **Epistemologia**. Rio de Janeiro: Zahar, 1977.

BASSANEZI, R. C. **Ensino-aprendizagem com modelagem matemática**: uma nova estratégia. 2. ed. São Paulo: Contexto, 2004.

BEILLEROT, J. A "pesquisa": esboço de uma análise. In: ANDRÉ, M. (Ed.). **O papel da pesquisa na formação e na prática dos professores.** Campinas: Papirus, 2002, p. 71-90.

BICUDO, M. A. V. Pesquisa em educação matemática. **Pro-Posições,** Campinas, v. 4, n. 1, mar. 1993.

BIEMBENGUT, M. S.; HEIN, N. **Modelagem Matemática no ensino.** 3. ed. São Paulo: Contexto, 2003.

BOYER, C. B. **História da matemática.** São Paulo: Edgard Blücher, 1974.

BRASIL. Ministério da Educação e do Desporto. Secretaria de Educação Fundamental. **Parâmetros Curriculares Nacionais.** Brasília: MEC/SEF, 1997.

COCHRAN-SMITH, M.; LYTLE, S. L. The teacher research movement: a decade latr. **Educational Researcher,** v. 28, n. 7, p. 15-25, Oct. 1999.

COUTINHO, L. **Convite às geometrias não euclidianas.** Rio de Janeiro: Interciência, 2001.

D'AMBROSIO, U. Educação matemática: uma visão do estado da arte. **Pro-Posições,** v. 4, n. 1, p. 7-17, mar. 1993.

_____. **O programa etnomatemática:** história, metodologia e pedagogia. Disponível em: <http://vello.sites.uol.com.br/program.htm>. Acesso em: 10 fev. 2007.

DAVIS, P. J.; HERSH, R. **A experiência matemática.** Lisboa: Gradiva, 1995.

DENZIN, N. K.; LINCOLN, Y. S. Introduction: entering the field of qualitative research. In: DENZIN, N. K.; LINCOLN, Y. S. (Ed.). **Handbook of qualitative research**. Thousand Oaks: Sage, 1994, p. 1-17.

EKENSTAM, A.; GREGER, K. Some aspects of children's ability to solve mathematical problems. **Educational Studies in Mathematics**, Dordrecht, v. 14, n. 4, p. 369-384, Nov. 1983.

FIORENTINI, D.; LORENZATO, S. **Investigação em Educação Matemática**: percursos teóricos e metodológicos. Campinas: Autores Associados, 2006.

FIORENTINI, D.; NACARATO, A. M. (Org.). **Cultura, formação e desenvolvimento profissional de professores que ensinam Matemática**: investigando e teorizando a partir de prática. São Paulo: Musa; Campinas: GEPFPM-PRAPEM-FE/Unicamp, 2005.

GRANDO, R. C. **O jogo e a matemática no contexto da sala de aula**. São Paulo: Paulus, 2004.

KILPATRICK, J. Fincando estacas: uma tentativa de demarcar a educação matemática como campo profissional e científico. **Zetetike**, Campinas, v. 4, n. 5, p. 99-120, jan./jun. 1996.

LAGARTO, M. R. **História da matemática**: história dos problemas. Disponível em: <http://www.malhatlantica.pt/mathis/>. Acesso em: 5 maio 2008.

L'ENSEIGNEMENT MATHÉMATIQUE. Disponível em: <http://www.unige.ch/math/EnsMath/EM_fr/welcome.html>. Acesso em: 5 maio 2008.

LÜDKE, M.; ANDRÉ, M. E. D. A. **Pesquisa em educação**: abordagens qualitativas. São Paulo: EPU, 1986.

MACHADO, N. J. **Matemática e realidade**: análise dos pressupostos filosóficos que fundamentam o ensino da Matemática. São Paulo: Cortez, 1989.

MASON, J. **Researching your own practice**: the discipline of noticing. London: Routledge Falmer, 2002.

MATOS, J. M. Cronologia recente do ensino da matemática. **Cadernos Inflexão**, Lisboa, n. 3, 1986.

MILES, M. B.; HUBERMAN, A. N. **Qualitative data analysis**: an expanded sourcebook. 2. ed. Thousand Oaks: Sage, 1994.

MIORIM, M. A. **Introdução à história da Educação Matemática**. São Paulo: Atual, 1998.

OLIVEIRA, P. **A investigação do professor, do matemático e do aluno**: uma discussão epistemológica. 2002. Tese (Mestrado) – Universidade de Lisboa. Disponível em: <http://ia.fc.ul.pt/textos/poliveira/index.htm>. Acesso em: 11 abr. 2007.

PEREIRA, E. Professor como pesquisador: o enfoque da pesquisa-ação na prática docente. In: GERALDI, C. M. G.; FIORENTINI, D.; PEREIRA, E. (Ed.). **Cartografias do trabalho docente**. Campinas: Mercado das Letras, 1998. p. 153-182.

PIRES, C. M. C. **Currículos de matemática**: da organização linear à ideia de rede. São Paulo: FTD, 2000.

POLYA, G. **A arte de resolver problemas**: um novo aspecto do método matemático. Tradução e adaptação de Heitor Lisboa de Araújo, H. L. 2. ed. Rio de Janeiro: Interciência, 1995.

PONTE, J. P. Investigar a nossa própria prática. In: Grupo de Trabalho de Investigação (Org.). **Reflectir e investigar sobre a prática profissional.** Lisboa: APM, 2002. p. 5-28.

_____. Investigar, ensinar e aprender. **Actas do ProfMat 2003.** Lisboa: APM, 2003. CD-ROM.

RICHARDSON, V. Conducting research on practice. **Educational Researcher,** v. 23, n. 5, p. 5-10, 1994.

SANTOS, L. **A prática lectiva como actividade de resolução de problemas**: um estudo com três professoras do ensino secundário. Lisboa, 2000. 738 f. Tese (Doutorado em Educação) – Universidade de Lisboa, 2000.

SANTOS, L. C. P. Dilemas e perspectivas na relação entre ensino e pesquisa. In: ANDRÉ, M. (Org.). **O papel da pesquisa na formação e na prática dos professores.** Campinas: Papirus, 2001. p. 11-25.

SILVEIRA, E. **Modelagem em educação matemática no Brasil**: entendendo o universo de teses e dissertações. Curitiba, 2007. 195 f. Dissertação (Mestrado em Educação) – Universidade Federal do Paraná, 2007.

SILVEIRA, E.; JESUS, R. V. Projetando uma sala de informática na escola com o uso da Modelagem Matemática. In: CONFERÊNCIA NACIONAL SOBRE MODELAGEM E EDUCAÇÃO MATEMÁTICA, 2005, Feira de Santana. **Anais...** Feira de Santana: Universidade Estadual de Feira de Santana. 2005. CD-ROM.

SOCIEDADE BRASILEIRA DE EDUCAÇÃO MATEMÁTICA. **Missão.** Disponível em: <http://www.sbem.com.br/index.php?op=Miss%E3o>. Acesso em: 26 fev. 2007.

Struik, D. J. História concisa das matemáticas. Lisboa: Gradiva, 1997.

Triviños, A. N. S. Introdução à pesquisa em ciências sociais: a pesquisa qualitativa em educação. São Paulo: Atlas, 1987.

Valente, W. R. Uma história da matemática escolar no Brasil, 1730--1930. São Paulo: Annablume/Fapesp, 1999.

Vianna, C. R. A história da matemática nos livros didáticos. XIII Semana da Matemática da Universidade Estadual do Oeste do Paraná. Cascavel, PR: Unioeste, 1999.

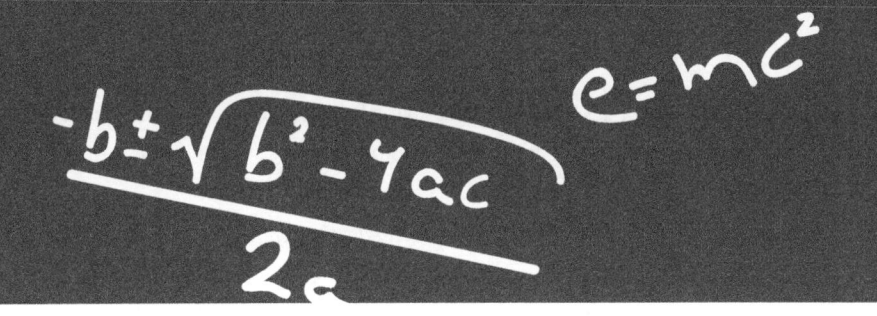

Bibliografia comentada

Bicudo, M. A. V. (Org.). **Pesquisa em Educação Matemática**: concepções e perspectivas. São Paulo: Editora Unesp, 1999.

> *Esse livro está dividido em cinco partes, e cada uma delas é composta por artigos escritos por pesquisadores em cada área na Educação Matemática brasileira. A primeira parte trata sobre a filosofia da matemática e da Educação Matemática; a segunda, sobre a história da matemática e da Educação Matemática; a terceira, sobre as metodologias para o ensino e a aprendizagem de Matemática; a quarta, sobre a formação de professores, e a última parte, sobre a informática e a Educação Matemática.*

FIORENTINI, D.; NACARATO, A. M. **Investigação em Educação Matemática**: percursos teóricos e metodológicos. Campinas: Autores Associados, 2006.

> *Esse é um livro de referência para quem deseja aprender a fazer um projeto de pesquisa. A clareza com que os autores conseguiram transmitir questões essenciais para a formação de pesquisadores é fruto de larga experiência e estudos em Educação Matemática.*

CARRAHER, T.; SCHLIEMANN, A. L.; CARRAHER, D. **Na vida dez, na escola zero**. 9. ed. São Paulo: Cortez, 1995.

> *Essa obra é interessante pelo fato de fazer uma comparação entre a matemática explorada na escola e aquela praticada nas ruas, especialmente nas feiras, por crianças que auxiliam os pais ou outras pessoas em bancas de comércio ambulante. Ajuda o professor a perceber as diferentes formas de manifestação da capacidade de realizar procedimentos matemáticos fora da sala de aula e sem a ajuda de lápis e papel.*

MIORIM, M. A. **Introdução à história da Educação Matemática**. São Paulo: Atual, 1998.

> *Esse livro apresenta, de forma bastante agradável, os diversos momentos do ensino da Matemática ao longo dos tempos. Ele descreve a evolução histórica da Educação Matemática desde os seus primeiros passos, tanto no Brasil quanto no mundo.*

TOLEDO, M.; TOLEDO, M. **Didática de matemática como dois e dois**: a construção da matemática. São Paulo: FTD, 1997.

> *Esse livro aponta caminhos que por sua vez apontam para outros caminhos que revelam muitas possibilidades para o ensino e a aprendizagem de Matemática. Basicamente é um livro recheado de prática, com muitas atividades interessantes e com diferentes encaminhamentos em relação ao ensino da Matemática. É um material para quem quer atividades para trabalhar em sala de aula, especialmente nas séries iniciais do ensino fundamental.*

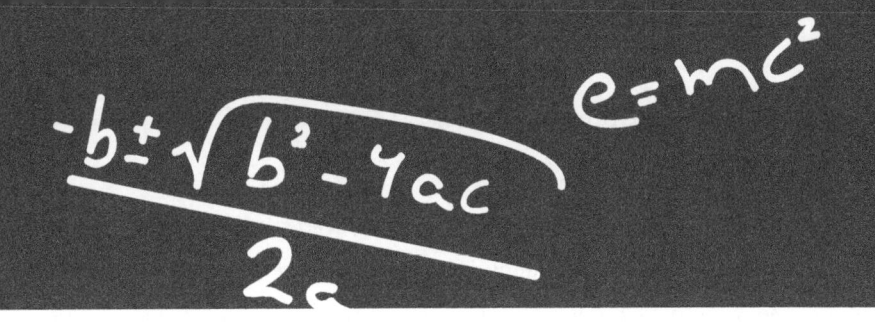

Gabarito

Capítulo 1

Atividades de Autoavaliação

1. a
2. c
3. a
4. c
5. d
6. b
7. F, F, V, V, V

Atividades de Aprendizagem

Questões para Reflexão

1. Imaginamos provocar, com essa comparação, algum tipo de reflexão por parte do professor leitor, ao perceber que o ensino, especialmente de Matemática, continua engessado e rígido na maioria das classes, e os professores ainda têm a ideia de que, para aprender Matemática, o aluno tem que se portar de forma séria e se dedicar às repetições.

2. Mais uma vez buscamos levar o professor a refletir sobre a postura rígida que herdamos dos nossos professores na universidade. Queremos que o professor perceba que saber matemática é essencial, porém não o suficiente para que um indivíduo assuma o papel de professor de Matemática. É preciso ir além, e perceber que há outros fatores tão importantes quanto o conhecimento específico envolvido nesse processo. Nesse capítulo, fizemos um apanhado histórico que mostra, em alguns momentos, o posicionamento de alguns matemáticos que percebem o que comentamos anteriormente, e vão em busca de melhorias.

Capítulo 2

Atividades de Autoavaliação

1. d
2. a
3. c
4. d
5. d
6. c
7. F, F, F, V, F, F

Atividades de Aprendizagem

Questões para Reflexão

1. Desejamos fazer com que o professor tome uma atitude ativa diante dessas metodologias propostas, tomando posse desses conhecimentos.
2. A principal característica comum a todas as tendências que propusemos é a busca de uma melhor aproximação entre a Matemática e os alunos, pois todas essas tendências têm como objetivo tornar a Educação Matemática cada vez mais agradável.

Capítulo 3

Atividades de Autoavaliação

1. d
2. b
3. b
4. b
5. b
6. F, V, F, F, V

Atividades de Aprendizagem

Questões para Reflexão

As duas questões propostas nesse capítulo visam provocar o professor a revelar a sua ideia de pesquisa e de cientista, pois, normalmente, imaginamos que um cientista é um indivíduo que fica em um laboratório, com um jaleco branco, olhando em microscópios etc. Quanto à pesquisa, imaginamos ser algo completamente distante de nós, a qual não temos e nem teremos acesso. Uma profissão muito difícil reservada apenas a algumas pessoas mais inteligentes.

Capítulo 4

Atividades de Autoavaliação

1. c
2. c
3. a
4. b
5. c
6. c
7. V, F, V, F, V, F, V, V, V, V

Atividades de Aprendizagem

Questões para Reflexão

Nossa intenção é levar o professor a buscar situações que possam originar boas questões de investigação, pois, ao encontrar essas situações e conseguir elaborar questões para investigá-las, ele já terá dado o primeiro passo rumo ao desenvolvimento da atividade proposta na Atividade Aplicada: Prática que irá para o seu portfólio.

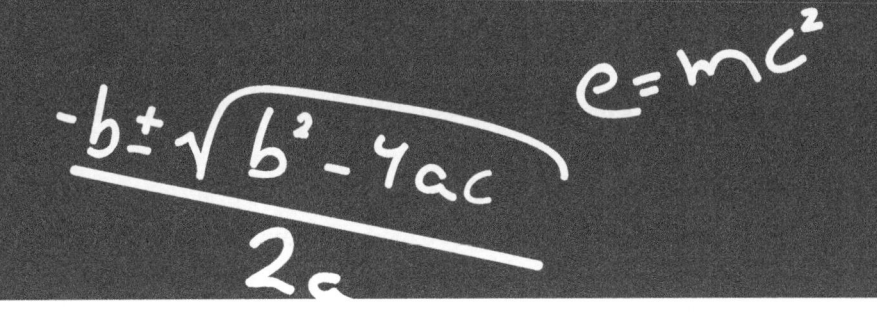

Nota sobre os autores

Everaldo Silveira é licenciado em Matemática pela Universidade Iguaçu – UNIG (1999), especialista em Educação Matemática pela Universidade Federal de Ouro Preto – UFOP (2003) e mestre em Educação na linha Educação Matemática pela Universidade Federal do Paraná – UFPR (2007). Foi professor do ensino básico por cerca de dez anos, nos Estados do Espírito Santo e de Minas Gerais, e hoje atua na formação continuada de professores que ensinam Matemática nas redes pública e privada do Estado do Paraná. É professor colaborador no Departamento de Matemática da Universidade Estadual do

Centro-Oeste – Unicentro. Também trabalha com o desenvolvimento de material didático.

Rudinei José Miola é licenciado em Matemática pela Universidade Federal do Paraná – UFPR (2005) e mestrando em Educação na linha Educação Matemática, na mesma universidade. É professor nos níveis de ensino fundamental, médio e superior, além de ser coautor de materiais didáticos.

Os papéis utilizados neste livro, certificados por instituições ambientais competentes, são recicláveis, provenientes de fontes renováveis e, portanto, um meio **respons**ável e natural de informação e conhecimento.

FSC
www.fsc.org
MISTO
Papel produzido
a partir de
fontes responsáveis
FSC® C103535

Impressão: Reproset
Julho/2021